远　见　成　就　未　来

建 投 书 店 投 资 有 限 公 司
More than books

第一部通用计算机 ENIAC，第二次世界大战期间由美国陆军出资、宾夕法尼亚大学建造。

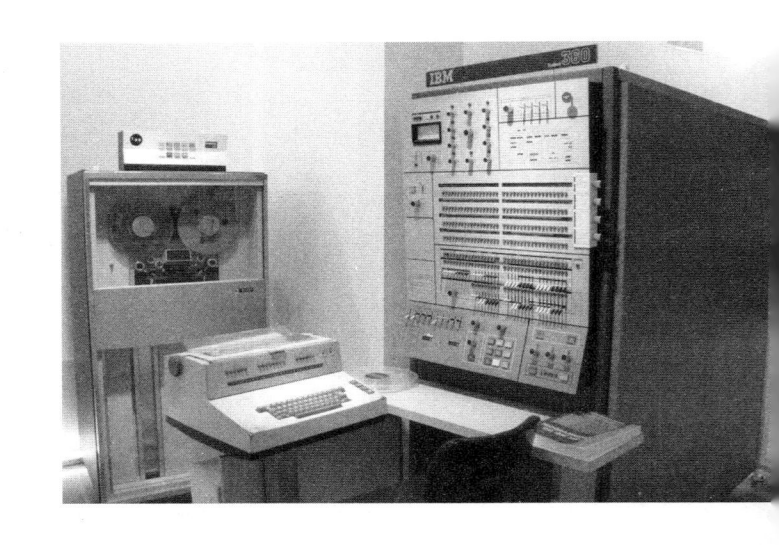

IBM System/360 大型机,主机前面的就是终端,乔布斯当初接触的就是与此类似的机器。(资料来源:Wikimedia Commons)

沃兹尼亚克制作的蓝盒子，现陈列于加利福尼亚州的计算机历史博物馆。（资料来源：Wikimedia Commons）

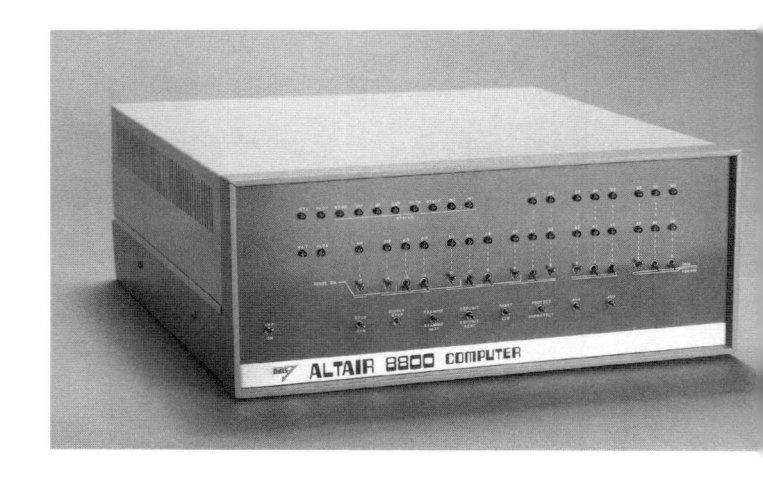

美国 MITS 公司于 1974 年底推出的阿尔泰 8800，其中采用了英特尔 8080 微处理器。（资料来源：Wikimedia Commons）

沃兹尼亚克设计的个人计算机 Apple I，其木制机箱是经销商保罗·特雷尔专配的。

罗纳德·韦恩最初设计的苹果计算机公司的标志。

苹果计算机公司于 1977 年推出的第二代产品 Apple II，其后续改进型的生产一直持续到 1993 年，累计销量将近 600 万部。（资料来源：Wikimedia Commons）

1984年1月面世的麦金塔,是世界上最早采用图形用户界面的个人计算机。(资料来源:Wikimedia Commons)

我是
乔布斯

我活着，就是为了改变世界

筑摩书房编辑部 著

张凌志 译

中国出版集团
中译出版社

图书在版编目（CIP）数据

我是乔布斯 / 日本筑摩书房编辑部著；张凌志译. -- 北京：中译出版社，2019.7
 ISBN 978-7-5001-5980-3

Ⅰ.①我… Ⅱ.①日… ②张… Ⅲ.①乔布斯（Jobs, Steve Paul 1955—2011）—传记 Ⅳ.①K837.125.38

中国版本图书馆CIP数据核字（2019）第149816号

CHIKUMA HYODEN SERIES "PORTRAIT" STEVE JOBS—APPLE O TSUKUTA TENSAI
Copyright © CHIKUMASHOBO LTD. 2014
Chinese translation rights in simplified characters arranged with CHIKUMASHOBO LTD. through Japan UNI Agency, Inc., Tokyo and Hnahe International (HK) Co., Ltd., Beijing.

版权登记号：01-2018-8203

我是乔布斯

出版发行：	中译出版社
地　　址：	北京市西城区车公庄大街甲4号物华大厦六层
电　　话：	（010）68359101；68359303（发行部）； 　　　　68357328；53601537（编辑部）
邮　　编：	100044
电子邮箱：	book@ctph.com.cn
网　　址：	http://www.ctph.com.cn
出 版 人：	张高里
特约编辑：	冯丽媛　楼伟珊
责任编辑：	郭宇佳　孔吕磊
封面设计：	肖晋兴
排　　版：	壹原視覺
印　　刷：	北京中科印刷有限公司
经　　销：	新华书店
规　　格：	787毫米×1092毫米　1/32
印　　张：	7
字　　数：	66千字
版　　次：	2019年7月第1版
印　　次：	2019年7月第1次

ISBN 978-7-5001-5980-3　　　　　　　　定价：32.80元

版权所有　侵权必究
中 译 出 版 社

活着就是为了改变世界。

——史蒂夫·乔布斯

写在前面的话

2011年10月5日，史蒂夫·乔布斯56年的人生落下了帷幕。

"全世界的人们都在为他的死而感到悲痛。"

那一天，全世界的报纸、广播、电视都在报道乔布斯去世的消息。

在为了悼念乔布斯去世而临时停业的苹果直营店门前，摆满了数不清的花束和卡片，还有人在流泪——这样的镜头反复出现在电视画面上。

在街头流泪的那些人，当然不是乔布斯的熟人或朋友。他们中的大多数人应该都与乔布斯素昧平生。

细细想来，这其实是一件很不寻常的事情。

因为他既不是艺术家，也并非音乐家、作家、演员或电影导演，当然也不是什么政治人物。

在这个意义上，乔布斯的去世算得上是21世纪具有象征性的历史事件。

史蒂夫·乔布斯生前是一位企业家，通过创业影响了社会。但需要强调的是，乔布斯的创业远远超出了单个企业的范畴，而是造就了一个巨大的产业，甚至给现代人类社会的形态本身带来了深远影响。可以说，他是企业家中的企业家。

乔布斯的"作品"之一是个人计算机，一种工业制品。

他在21岁那年和朋友一起在自家车库里开始制造和销售个人计算机。他创立了一家公司并给它起名为"苹果计算机"。

4年后，苹果计算机公司成为一家上市公

司。25岁的乔布斯身家达2亿美元左右，毋庸置疑，他是世界上不论名字还是面孔都最为人知的企业家之一。

2012年8月，在苹果公司创立36年后，该公司创下了股票市值有史以来的最高纪录，达到6231亿美元。

一家在私家车库里诞生的公司，成了全球最大规模的企业。

但史蒂夫·乔布斯并不是什么圣人。

虽然很多人崇拜他、尊敬他是不争的事实，但在对他生前有所了解的人当中，觉得他自以为是且性格冷酷的人也不在少数。

但毋庸置疑的是，在史蒂夫·乔布斯去世时，有为数众多的人为之落泪。很多人虽然没有流泪，但也为他的去世不胜唏嘘。

本书的笔者就是其中之一。

我有太多想直接向史蒂夫·乔布斯提出的

问题。

但无论这个愿望有多么强烈,它都再也不可能实现了。

也正因为如此,我希望能够在这本书中借助史蒂夫·乔布斯的旧知及他本人的话来重现他的人生轨迹。

是什么让世界上不同国家的人们为一个素未谋面的企业家的离世而惋惜不已?在他56年的人生中,他究竟取得了什么样的成就?

现在,就让我们一起来探寻这些问题的答案吧!

目　录

第一章　与计算机的邂逅　　1

第二章　沃兹的魔法师　　31

第三章　俳句禅堂　　63

第四章　苹果树下　　93

第五章　失乐园与复乐园　　131

年　表　　191

参考文献　　197

思考题　　203

第一章

与计算机的邂逅

与计算机的邂逅

无论怎样的经历，人生中的"第一次"总会给人留下强烈而鲜明的印象。

对于史蒂夫·乔布斯来说，与计算机的邂逅正是这样一次难以忘怀的经历。

"我遇见我的第一部计算机是在我 10 岁或 11 岁时。"乔布斯在一次访谈中这样回顾道。

乔布斯出生于 1955 年。

也就是说，他第一次接触计算机是在 1965 年或 1966 年。

那时的计算机还是昂贵得超乎想象的庞然大物。

比如，美国在 1946 年建造完成的第一部计算机 ENIAC，就使用了 17468 个真空管、7200 个晶体二极管、1500 个继电器、10000 个电容器和 70000 个电阻器，长达 30 米，重达 27 吨。

乔布斯少年时，与重 27 吨的 ENIAC 相比，计算机已经"袖珍"了很多。这都要归功于晶体管和集成电路等半导体电子元件在 20 世纪 60 年代的实用化。

但即便如此，对于当时的普通人来说，计算机还不是现实中触手可及的机器，而更像是出现在童话中魔力无穷的法宝。

"没有人在生活中见过一部计算机。要说见过，他们也是在电影中见过，那些计算机如同嗡嗡作响的硕大箱子，在后台做着神秘的、威力强大的工作。出于某种原因，人们只记住了那些磁带驱动器和闪烁的灯光，将之视为计算机的标志性符号。那时亲眼见到并实际使用一部计算机是一项货真价实的特权。我去了NASA的埃姆斯研究中心，但并没有见到一部计算机，只见到了一个分时终端。"

说这番话的时候，乔布斯40岁。谈到自己30年前与计算机的第一次对话，就好像在回忆昨天发生的事情。

"那时候还很难意识到它有多么原始，毕竟当时还不存在带图形显示器的计算机。它实际上是一台打字机，一台带键盘的电传打字机。你键入一些命令，等待一会儿，就会传出一阵'嗒嗒嗒嗒'的声音。但即便是这样，在一个10岁的少年看来，它仍然非常神奇，因为你可以用BASIC或FORTRAN语言写出一个程序，然后这个机器会读取你的想法，执行它并反馈给你某些结果。如果这些结果一如你的预测，那么这说明你的程序确实奏效了。这是一种让人激动万分的体验,所以我被计算机深深地吸引了。"

充满魔力的机器

现今的我们或许需要相当的想象力,才能够理解乔布斯那时感受到的震撼。

毕竟几十年来,电子设备实现了飞速发展,计算机已经成为现代社会不可或缺的一部分。从电话到飞机,我们在日常生活中使用的几乎所有东西自然而然地都被装上了计算机或微处理器。我们生活在一个只需要对着机器说话,机器就会理所当然地作出回应的时代。

现在的智能手机所具有的功能,回到乔布斯还是少年时,是把几十部计算机连在一起都无法实现的。

史蒂夫·乔布斯正是在时代即将迈入这一阶段的时候降生到这个世界上的。

就在计算机日新月异地发展，使得它成为普通人不明就里的"黑箱"之前，被父亲带到埃姆斯研究中心的乔布斯第一次亲眼见到了计算机终端。连在终端另一头的是为研究机构及大企业进行大量计算而开发的大型机。它需要用穿孔卡片输入数据，并且由于没有显示器，唯一输出结果的方法是通过打字机打出索然无味的数字和文字。

在一般人看来，这个机器似乎没有什么能让一个10岁的小孩感兴趣的东西。

计算机的工作原理其实极其简单。

接受来自人的指令，执行那些指令，然后输出结果。仅此而已。

但这恰恰深深地吸引了乔布斯。

因为他亲眼见证了机器与人之间的沟通。

且不论那算不算真正意义上的"沟通",在那样一个计算机还没有作为理所当然的事物存在于世间的时代,恐怕无论谁都会产生这种错觉。

在乔布斯还是个孩子的时候,机器进行运算这件事本身就是一件非常神奇的事情。

计算机——能够进行计算的机器。

在这种充满魔力的机器的背后,是无限宽广的未来。

但无论少年乔布斯怎样为之惊叹,多么求之若渴,他都找不到一个可以卖给他计算机的地方。

看看他此后的人生,就能知道他出生在这样一个时代是多么幸运的一件事情。

因为在那个时代,如果谁想拥有一部自己的计算机,只能亲自动手去设计制造。

对于乔布斯来说,还有另外一件幸运之事。

那就是他成长的环境。

硅谷

20世纪70年代初期,加利福尼亚州北部的代阿布洛岭与圣克鲁斯山之间的广阔山谷地带开始被冠以"硅谷"之称。这个时候,乔布斯已经接触计算机有几年了。

硅,这种化学元素在地球地壳中的含量高达28%左右,仅次于氧。但很不可思议的是,地球上的生物并没有对这种元素加以充分利用:已知只有禾本科、蕨类和硅藻等一部分植物包含硅的化合物。

但对于智人这一物种而言,从1947年开始,硅成了他们必不可少的元素。在这一年,人类开发出了使用单晶硅的晶体管。

硅成了以晶体管为代表的半导体器件的理想材料。

现代计算机的大脑——CPU,就是把单晶

硅制成晶圆，并在上面排布大量晶体管等原件而造出的超高密度集成电路。要是没有硅这一物质，制造计算机会困难很多。而要是没有计算机，想要维持现代社会的运行，就算不是绝无可能，也会变得异常困难。

换言之，时至今日，硅已经成为人类不可或缺的元素。

就在那块被称为硅谷的土地上，乔布斯度过了他的少年时代。

那个地方之所以被称为硅谷，并不是因为那里出产硅，而是因为从 20 世纪 60 年代开始，这个地区涌现出了大量半导体厂商及相关研究机构和创业公司。

硅谷并不是一个正式的地名，只不过是一个别称，所以我们在地图上找不到它。硅谷包括帕洛阿尔托、森尼韦尔、山景城、丘珀蒂诺、圣何塞等城市。硅谷现在仍是高科技产业聚集之地，容纳了大量全球知名的IT企业。

在计算机还仅作为科幻道具出现在电影中的年代，10岁的乔布斯能够亲眼见到真正的计算机，正是得益于他所处的环境。乔布斯的家离埃姆斯研究中心很近，后者隶属于美国国家航空航天局（NASA），以研究人工智能闻名。

"我家附近的很多人做的都是太阳能电池、雷达之类我觉得很酷的工作。我是在对他们充满向往并不停地向他们提出各种问题的环境中长大的。"

沃尔特·艾萨克森撰写的《史蒂夫·乔布斯传》记录下了乔布斯对童年的回忆。

现在，如果网络游戏无法通关，我们只要上网查一查，总能找到所需的攻略。但在乔布斯小的时候，还没有万维网，如果想知道的东西写在书中，可以去图书馆查阅，但找到答案也颇费工夫。

在这种时候,最好的办法就是去问那些懂行的大人了。

幸运的是,乔布斯就住在硅谷。在他家周围,到处都是具有专业知识的大人。

在他们当中,既有在半导体厂商和NASA工作的专家,也有在自家车库里捣鼓实验的发明家;既有像模像样的工程师,也有失业的技术人员;既有科学家,也有像乔布斯父亲那样的机械师……此外,正像乔布斯自己所说的那样,他是在向大人们"提出各种问题中长大的"——他从小就是一个善于与人交流的人。

也有了解乔布斯成长经历的人说他年轻时偏于内向,所以或许他并不是一开始就具有他后来那种仿佛具有磁力般的说服力的。

但无论是多么活泼又充满活力的孩子,或多或少会有害羞和内向的一面。即便在乔布斯长大以后,在面对成千上万观众进行足以载入史册的演讲时,如果仔细观察,我们还是能发现他仿佛又变回到那个内向男孩,脸上时常露出羞涩的表情。

少年乔布斯大概是一个虽然害羞却擅长与人打交道的男孩。

乔布斯曾谈到一段他给威廉·休利特打电话的往事,这段经历让他铭记在心。

威廉·休利特在27岁那年与斯坦福大学的同窗戴维·帕卡德一道,在帕卡德家的车库里创立了惠普公司,是美国企业家中的传奇人物。

从公司创建之初至今,惠普公司的总部一直都在加州帕洛阿尔托,一座位于硅谷北部的城市。

在少年乔布斯给休利特打电话的时候,50多岁的休利特正担任惠普的总裁,而当时惠普早已发展成了大企业。

"12岁那年,我给当时在惠普的威廉·休利特打电话。我打开电话簿,查找他的名字。他接了电话,我说:您好,我的名字叫史蒂夫·乔布斯。您不认识我,我现在12岁,正在做一个频率计数器,我想要一些备用零件。他跟我聊了20多分钟,我永生不会忘记,他不光给了我零件,还给了我一个暑假在惠普工作的机会。"

第一次走近公司

这次经历给乔布斯带来的影响是巨大的。他竟然与那样一位极具知名度、连大人也无法轻易见到的大公司总裁通了电话,并且一聊就是20多分钟!

这次经历让他永生难忘的另一个原因是,

为了打那通电话，他必定有过一番心理准备。

即便是年仅 12 岁，他应该也明白，大企业的总裁是不大可能和颜悦色地接听陌生人的电话的。突然被挂掉电话也许还算是幸运的，搞不好还会被对方训斥一顿。

打出这个电话，乔布斯应该下了不小的决心。

要迈出这一步的难度因人而异。对乔布斯来说难度有多大？虽然时至今日我们只能靠想象，但那难度想必不亚于人生第一次从高台跃入泳池或从悬崖跃入激流。

乔布斯一定感受到了准备起跳前双脚发软、两腿发麻的那种感觉。对方是惠普的总裁，这时需要的也许正是从悬崖上跳下去的决心。

且不论乔布斯的那一次挑战是跳台级别还是跳崖级别的，他终究在没有任何人发号施令的情况下，自己思考和作出决定，勇敢地纵身一跃。

乔布斯之后的人生，可以说正是这种经历的反复。

做，或者不做。人生说到底不过是一道又一道的选择题。

也许你会说，乔布斯不过是做了一件理所当然的事情，并没有什么大不了的。我想说，你肯定不曾有过那奋勇一跃的经历。

任何曾经哪怕腿软无力仍然横下心迈出那一步的人，是不会看不出史蒂夫·乔布斯的为人的。

乔布斯在 12 岁那年学会了应该如何完全根据自己的意志作出决定并付诸行动。

不顾一切地纵身一跃，让他获得了超出预期的收获。休利特不仅耐心地倾听乔布斯所说的话，给了他频率计数器所需的零件，还准许他暑假到惠普公司的工厂实习。

乔布斯通过休利特给他的这次机会，积累了宝贵的经验。

那份工作本身非常简单，不过是坐在流水线前装配螺丝之类的零部件。

"惠普是我在那个年纪唯一实际见过的公司，而它为我理解什么是一家公司以及它应该如何对待员工奠定了基础。你知道，那时的人们还不担心胆固醇。所以每天早上10点钟，他们会推出一辆摆满甜甜圈和咖啡的大车，每个人放松休息一会儿，喝杯咖啡，吃个甜甜圈。诸如这样的小事很多，让人感受到这家公司的价值观。"

一个12岁的孩子会有这样的感想，足见乔布斯当时多么成熟。

乔布斯正是这样一个非常早熟的孩子。

捣蛋鬼

据说，乔布斯在小学低年级时是一个非常调皮捣蛋的孩子。

他曾制作出一批海报并张贴在学校各处，通知同学们把小动物带来上学；他曾从朋友那里打听来自行车密码锁的密码，然后把那些密码改得一塌糊涂；他还曾在老师的椅子下面装上使用火药的机关……他曾用各种各样的恶作剧让学校一次又一次地陷入混乱，他甚至还曾在教室里把捉到的蛇放了出来。

"学校里到处都是狗在追猫，老师们全都慌了神。"

"大家为了开锁，一直折腾到深夜。"

"老师们吓得脸都白了。"

在回忆自己这些"丰功伟绩"时，乔布斯显得很是得意。

乔布斯当时的同班同学中也有人回忆，乔布斯倔强而任性，我行我素，并不擅长交朋友，在教室里大多数时间都是独处。

恶作剧是年少的乔布斯用以表现自己的一种方式。

明白事理的大人也许会说，仅仅因为不能融入集体，就通过搞恶作剧来表现自己的做法是不对的。

但大人们忽略了孩子的恶作剧往往是其好奇心和创造力的表现。从发展心理学的角度看，恶作剧是儿童的探索行为，是婴儿在接触到未知事物时会不由自主地伸手触碰这种本能的延续。

只需回想一下自己小时候的经验，恐怕大家都能意识到这一点。准备恶作剧时的那种既紧张又令人兴奋的心情，恶作剧成功时的那种快意以及看到大家惊慌失措时的那种滑稽好笑的感觉，真的让人欲罢不能！

一般情况下，在被老师批评几次以后，孩子们会慢慢收敛自己的行为。毕竟对孩子来说，没有什么比被老师和家长训斥更可怕的事情了。随着年龄的慢慢增长，他们会发现恶作剧多少会伤害到他人，自然也就收手了。

但就算老师再怎么批评乔布斯，再怎么发脾气，他都没有停止恶作剧。

倔强，是乔布斯的鲜明个性，甚至可以说，是他的一种才能。

乔布斯曾这样回顾上小学时的自己：

"当时我所面对的是之前从未见过的强权。我觉得好奇心的萌芽差一点就要被他们全部扼杀了。"

乔布斯所说的"之前"是指上小学之前，而他所面对的所谓"强权"则是指小学的老师、校长以及那些比乔布斯大的欺负人的孩子。

把那些人说成是"强权",充分体现了乔布斯的性格。乔布斯极端厌恶被人不由分说、居高临下地加以管束。正如他所说的那样,那样的行为其实就是在扼杀他的好奇心。

这是他绝对无法容忍的事情,因而他进行了彻底的反抗。

对于认为学生就应该无条件服从的老师来说,乔布斯绝对是一个坏孩子。乔布斯的好奇心差点就要真的遭到扼杀了。

但事态并没有真的变成那个样子,而这都要归功于乔布斯的父母。

保罗和克拉拉

史蒂夫·乔布斯是被养父母抚养长大的。

保罗·乔布斯与克拉拉·乔布斯夫妇没有

孩子，于是他们领养了刚出生的史蒂夫。

保罗和克拉拉并没有向乔布斯隐瞒这件事情。

我想这一定是因为他们真的很爱乔布斯。

乔布斯也同样深爱着他的养父母。

后来回忆自己在六七岁时告诉邻家女孩自己是养子时的情景，乔布斯这样说道：

"还记得那个小女孩问：'你真正的爸爸妈妈是不要你了吗？'我觉得自己就好像被五雷轰顶，不知所措地哭着跑回了家。然后我的父母对我说：'别难过，你好好听我们说。'两个人一脸认真地盯着我：'是我们选择了你。'他们两个人一起把这句话慢慢地重复了很多遍，一字一顿地，清清楚楚地。"

小时候的乔布斯是一个完全坐不住、总爱动个不停的孩子。上小学以后，由于实在太调皮，他曾多次被老师赶回家。

但乔布斯说，在他的记忆中，父母从来没有因为这件事责备过他。

这并不是父母在溺爱他。乔布斯的父母很明白为什么自己的孩子总是喜欢搞恶作剧。他们总会站到蛮横地想要管教乔布斯的学校老师与乔布斯之间。

父母觉得乔布斯是因为上课没意思才会去搞恶作剧的。他们多次要求学校多设置一些能够吸引乔布斯的课程。

不知道是不是出于父母的努力，在乔布斯上四年级的时候，学校里终于出现了一个能够理解乔布斯的人。她就是乔布斯的班主任，一位名叫伊莫金·希尔的女老师。

这位女老师找到了乔布斯的"软肋"。

面对对学校里的学习毫无兴趣的乔布斯，她尝试用各种奖励来调动乔布斯的积极性。

她的奖励有时是 5 美元，有时是一个大

大的糖果，有时则是一件能吸引乔布斯的工具……希尔的奖赏层出不穷，乔布斯彻底成了这一招的"俘虏"。

刚开始的时候，乔布斯是冲着奖励学习的。但不久后，他努力学习的目的就转变成了希望能让老师高兴。不到半年，乔布斯就已经不再需要任何奖励了。

"学习竟然变得有意思了。"乔布斯后来这样说道。

希尔准确地理解了乔布斯这个捣蛋鬼。

他之所以总是惹事，都是因为他的智力超凡。

他是一个聪明的孩子，而且是绝顶聪明的那种。

后来希尔老师让乔布斯接受了智力测试。测试的结果是，小学四年级的乔布斯已经拥有相当于高中二年级学生的智力了。

"没有谁比那个老师教会我的东西更多。要是没有她,我大概早就被送进监狱了。"

乔布斯的说法也许并非夸张。

我行我素、好奇心极强的乔布斯从来都不把各种准则或规范放在心上。相较于遵守规范,他往往会把满足自己的好奇心摆在优先的位置。

且不论这到底是好是坏,那时的乔布斯确实就是这样一个孩子。

跳到六年级

希尔老师让乔布斯认识到了一件事情——这个世界上有很多有意义、值得去学习的东西。

一个人对学习产生兴趣,往往也就意味着他领悟到了这一点。

学校里的学习并不是学习的全部。甚至可

以说，教科书上的东西如果用电影来打比方，就像是用来宣传展示的预告片。就算在看过预告片后仍然找不到能让你心动的电影，也没有什么好失望的。同样，就算觉得学校的学习没意思，也没有什么可担心的。

就像乔布斯遇到了计算机，在这个广阔的世界上，每个人都一定能够找到值得他用一生为之奋斗的事情。

学校在得知乔布斯的智力相当于高中二年级学生的水平后，向他的父母建议让乔布斯跳级。所谓跳级，就是让成绩优异的学生跳过某个年级，直接升到更高的年级去。在美国，几乎所有的学校都有这个制度。

学校建议乔布斯连跳两级，也就是说，在上完四年级后，直接升到七年级（在美国，人们习惯于把从小学到高中的各个年级放到一起计算）。

学校方面似乎接受了乔布斯父母的说法：

乔布斯之所以总会不停地恶作剧，是因为课程太简单，让他提不起兴致。

在美国，不同学区之间的教育制度也不尽相同。硅谷一带的学校是五三四学制，小学上到五年级，从六年级开始就要到中学去上学了。

如果按照学校的提议，乔布斯上完小学四年级后会突然升到初中二年级。虽说他的智商达到了高中生的水平，他的身体发育却还只是小学生的阶段。乔布斯的父母担心环境的改变太过突然，对乔布斯的身体不利，只同意让乔布斯跳一级。

上完四年级的乔布斯跳过五年级，成了一名中学生。

乔布斯去的是当地的克里滕登中学，离他之前上的小学并不远，学校的环境却是截然不同。

传说中的极客

克里滕登中学是一所非常乱的中学。

学校里频繁发生暴力和恐吓事件,以致学校需要时不时叫来警察。

我行我素、不善于协调与他人关系的乔布斯本来就没有多少朋友。由于跳级,他身边连同龄人也没有了。对于他来说,在克里滕登中学的每一天似乎都很漫长。

在上完初中一年级后,乔布斯希望父母给自己换一个环境好一些的学校。但乔布斯的父亲当时刚换工作,家里的经济状况比较紧张。因此,父亲的回答是转学有困难。于是到了新学期,乔布斯宣布自己不去学校上学了。

乔布斯是一个一旦说出口就绝不妥协的人,他的父母也深知这一点。

"于是爸爸妈妈到处去找有没有合适的地

方，又东拼西凑地弄来了21000美元，在环境更好的地方买了一幢房子。"

乔布斯一家从山景城搬到了5000米外的洛斯阿尔托斯，他也转学去了丘珀蒂诺中学。这下乔布斯再也不会因为那些危险的坏孩子担惊受怕了，他开始平安无事地度过中学生活。

在这所学校里，乔布斯与比尔·费尔南德斯成了好朋友。他们两个人很像：身材瘦削，没什么朋友，在教室里总和别人若即若离。尤其让他们觉得意气相投的是，两个人都有电子学这个共同的爱好。

正是这位费尔南德斯，让乔布斯结识了对他的人生至关重要的那位盟友。

住在费尔南德斯家斜对面的，正是那个在圈内被奉为传说的极客（Geek）——史蒂夫·沃兹尼亚克。

"Geek"在美式英语的俚语中是指对电子

学、计算机极端热衷的人。

史蒂夫·乔布斯和史蒂夫·沃兹尼亚克。

要是没有这两个史蒂夫的邂逅，就不会有后来的苹果公司，也就不会有 AppleⅡ（苹果公司制作的第一种普及的微电脑）、Mac（苹果公司推出的电脑总称）、iMac（苹果公司推出的一体机电脑）、iPod（苹果播放器）了、iPhone（苹果手机）、iPad（苹果平板电脑）。受到这些产品影响而诞生的（或者按照史蒂夫·乔布斯的说法，"抄袭"了这些产品的）各式各样的个人计算机及相关产品，也就不会出现在这个世界上。

这也许称得上是一次改变了世界的握手。

虽然现在已经无从得知确切的日期，但在1971年，乔布斯和沃兹尼亚克相遇了。

第二章

沃兹的魔法师

越战时期的少年

乔布斯在 13 岁那年升入了高中。

时间是 1968 年,也就是"阿波罗 11 号"登月的前一年。

13 岁还是升初中的年龄。但由于乔布斯是 2 月份出生而且还跳了级,再加上丘珀蒂诺-森尼韦尔学区是五三四学制,高中从九年级开始,这使得乔布斯在 13 岁时就成了一名高中生。

乔布斯开始在霍姆斯特德高中上学之后,也还是老样子。他仍然会搞一些恶作剧,一副我行我素的样子,也不结交什么朋友。

如果要说他跟小时候相比有了什么变化,

那就是他的恶作剧中增加了一些电子学方面的元素。这也许是因为他和比尔·费尔南德斯一起上过名师约翰·麦科勒姆的电子学课程的缘故。

一次，在麦科勒姆老师的课上，大家需要组装某样装置。为了一个必不可少的零部件，乔布斯又使出了他的老办法。

麦科勒姆老师在很久之后还记得这件事。

"只有一件事我记得非常清楚。在做某样东西的时候，需要巴勒斯公司生产的零部件，但我手头正好没有。于是我建议他给巴勒斯公司分管这个地区的宣传人员打电话，就说学校上课的时候要用，问他们能不能提供一两个。

"第二天，乔布斯兴高采烈地跟我说，巴勒斯公司答应提供零件，东西马上就会送到。我问他是怎么做到的，他说他给巴勒斯公司总部打去一个对方付费电话，说现在正在开发电子设备,在测评各种电子零部件,希望试用一下巴勒斯公司的零件。

"我自然把他说了一顿。这可不是一个学生该干的事情。不过话说回来,到了第二天,零件还真的用航空快件寄来了。"

据说,乔布斯在受到麦科勒姆老师的批评后并没有道歉,而且说:"我连打电话的钱都没有,可对方有的是钱。"

那时的美国正在经历越南战争。

在乔布斯开始在霍姆斯特德高中上学的1968年,美国把54万军官和士兵送到了越南。数以万计的美国军人死于战争,而数十倍于这个数字的越南人也成了这场战争的牺牲品。

当时的美国还在实行征兵制,所以对于年轻人来说,这场战争离他们并不遥远。美国各地都掀起了激烈的反战运动,这场运动最终发展成为对整个欧美社会的反思和批判。在这样的时代背景下，许多年轻人开始倾向于做一个嬉皮士，主动脱离主流社会。

嬉皮士把"爱与和平"作为他们的口号，但他们的思想根源还是对于美国政府发动这场毫无正义可言的战争以及支持这场战争的社会主流的怀疑。因此，这个时代的年轻人很容易表现出反社会的倾向，而且多少会藐视法律。大麻和迷幻剂等毒品在年轻人中间大肆蔓延，以反抗社会、批判社会为题材的音乐也大行于世。

乔布斯就是生活在这样一个时代的少年。

对他来说，从大企业那里骗一两个零件并不是什么可耻的事情。也正因为如此，哪怕对方是在美国海军当过飞行员、以严谨正直著称的麦科勒姆老师，乔布斯仍然把自己从巴勒斯公司骗来零部件的事情毫无遮掩地说了出来。

他一定做梦也没有想到自己会受到老师的批评。

盟友亮相

史蒂夫·沃兹尼亚克也曾是麦科勒姆老师的学生。

沃兹（沃兹尼亚克的昵称）比乔布斯大5岁，两个人并没有一起上过课。

两个人第一次见面的时候，乔布斯16岁。当时乔布斯是霍姆斯特德高中四年级的学生，沃兹则已经是大学生。

"你应该见见史蒂夫·乔布斯。他也很喜欢电子学，而且总是搞恶作剧。"

比尔·费尔南德斯就这样把沃兹和乔布斯撮合到了一起。

那年夏天，沃兹一直在费尔南德斯家整理得井井有条的车库里组装自己设计的计算机。沃兹给自己的计算机起名叫"冰淇淋汽水"计算机，因为在组装这部机器的时候，他总会骑自行车去附近的超市买冰淇淋汽水来喝。

他的所作所为看上去形同儿戏，准确地说，沃兹自己本来就是在玩。但在那个时代，他正在尝试的其实是一件非同寻常的事情。

在当时，虽然计算机已经开始在市面上销售，但即便是比较廉价的小型机，售价也在数万美元。说是"小型"，其实也有电冰箱那么大。

当时的计算机在价位上并不是面向个人的，而且就算有足够的财力，也不适合民用。计算机的用户以大学或企业的研究机构为主，市面上也几乎不存在可供销售的软件。因此，如果不懂编程语言，就根本无法发挥计算机的作用。

沃兹对编程语言和机器语言都非常精通，对硬件也很熟悉。正因为他同时具备这些能力，使得他能够自己设计计算机。换言之，他是对那个时代的计算机有着从内到外全面理解的、为数不多的大学生之一，而且他的智商高达200，本来就是个天才。

沃兹的父亲弗朗西斯·沃兹尼亚克是活跃于技术前沿的资深工程师，曾在洛克希德公司参与导弹制导系统的开发。

沃兹从小就在基础科学和电子学方面受到了父亲的熏陶。

在电子学方面受到精英教育的沃兹在上初二的时候，就设计了一款堪称计算机雏形的加减法计算器并把它组装了出来。

虽然这款计算器只能进行不超过1023的加减法运算，但里面有10个加减运算电路，每个加减运算电路都用到了100个以上晶体管、200个以上电阻、200个以上二极管，能对二进制数进行进位和退位处理。这在当时已经是一款技术上较为成形的计算器，毕竟那是在20世纪60年代。

不难想象，沃兹所掌握的关于晶体管这种全新电子元器件的知识，都来自他从事导弹开发的父亲，毕竟最先进的电子元器件总会被运用到军事方面。

他的朋友有人借用《奥兹国的魔法师》这本书的书名，称呼他为"沃兹的魔法师"。当他成为一名大学生时，他真的成了配得上这一称号的电子学方面的"魔法师"。

冰淇淋汽水计算机

诞生于费尔南德斯家车库的冰淇淋汽水计算机，是沃兹在 10 厘米 × 15 厘米的电路板上焊上 20 个左右的集成电路做出来的。当时大小与冰箱无异的"小型"机会用到数百个集成电路。相较之下，冰淇淋汽水计算机要简陋得多。

用沃兹自己的话来说，它"勉强算得上是一部计算机"。

他的计算机之所以如此简陋，是因为他没有足够的资金。

集成电路（有时也被称为芯片）是在极薄的硅片上集成了大量晶体管等部件的小型电路，最大的也只有手指头大小。集成电路最早投入使用是在20世纪60年代初期，在最初的几年时间里，几乎全都被用于美国的阿波罗计划以及洲际导弹的研究开发。

从那时开始，集成电路以惊人的速度一直发展到了今天。

英特尔公司创始人之一的戈登·摩尔曾提出过"摩尔定律"：集成电路中晶体管的数量每隔一年半就会增加一倍。

这是一个非常惊人的速度。按照这一定律，晶体管的数量会在3年内增加到4倍，10年内增加到约 100 倍，20 年内增加到大约 1 万倍。

到目前为止，现实的发展跟摩尔定律基本吻合。

英特尔公司在 1971 年发布的 4004 微处理器集成了 2300 个晶体管，曾让世界为之震惊。而现今的新型 CPU 在约 1 元硬币大小的硅片上，集成了 7.7 亿个晶体管。

那些晶体管的尺寸只有大约 10 纳米（1 纳米是 1 毫米的百万分之一）。细菌的大小大约是 1 微米（1 毫米的千分之一），也就是说，落在集成电路上的一个细菌会覆盖上百个晶体管。有人说，如果按照这样的速度发展下去，集成电路中的晶体管也许会缩小到原子级大小。

在 ENIAC 时代重达 27 吨的计算机，经过半个世纪后，就小巧得可以装进衣服口袋里了。这当中一个很重要的原因就是集成电路的惊人发展。

沃兹组装冰淇淋汽水计算机的时候，英特尔4004微处理器还没有推出。但他把若干集成电路组合在一起，实现了微处理器的功能。他用的那些集成电路，对于一个大学生的业余爱好来说，是一笔不菲的投资。所幸沃兹在计算机公司打工，这使得他有机会从公司同事那里分到一些芯片。因此，可供沃兹调配的芯片有20个左右，这恰恰成了沃兹展示高超技巧的一个机会，也是为未来提前作的一次演练。

在那个时代，计算机的主要用途不是把阿波罗飞船送上月球，就是作为电话公司的电子交换机，计算机仍旧是被政府或大公司垄断的"巨无霸"。一般人对它的印象与乔布斯在埃姆斯研究中心第一次见到计算机终端的时候并没有太大改变。

也正因为如此，沃兹凭一己之力组装的计算机具有极大的意义，哪怕只能"勉强算得上是一部计算机"。如果要打比方说明这件事有多么了不起，可以说其意义不亚于一个平凡的大学生自己做了一颗人造卫星，然后还把它发射上天。

其实冰淇淋汽水计算机既没有我们熟悉的键盘，也没有显示器。它跟当时的其他计算机一样，通过穿孔卡片输入信息，再通过显示灯的明灭来显示结果。

虽然沃兹做出了一部计算机，但它看上去不过是在巴掌大的树脂电路板上用电烙铁杂乱无章地焊上了 20 个左右的芯片和二极管，并且它的内存小得可怜，很难有什么实际用途。

从这个层面上说，冰淇淋汽水计算机与沃兹在初中时所做的那部能进行不超过 1023 的加减法运算的计算器并没有什么不同，只有不断闪烁的灯光在告诉人们这是一部会"思考"的机器。

我们现在已经无从得知当沃兹在费尔南德斯家的车库里第一次向乔布斯展示冰淇淋汽水计算机时乔布斯的反应,但我们清楚地知道,在刚认识这个与实际年龄相比显得稚嫩的大学生史蒂夫·沃兹尼亚克的时候,乔布斯就已经毫无保留地承认他的才能了。

乔布斯曾用非常自负的话回忆了当时他对沃兹的印象:

"沃兹是我看到的第一个比我还要精通电子学的人。"

让乔布斯从小就充满憧憬的计算机,本该是一个藏在幕后的会思考的庞然大物,而眼前的沃兹竟然一边美美地喝着冰淇淋汽水,一边就把那神奇的计算机造了出来!

而且沃兹还是一个连乔布斯都自叹不如的恶作剧天才。不,应该说是恶作剧超级天才。

电视信号干扰器

乔布斯和沃兹（准确地说，还包括费尔南德斯）经常会坐在费尔南德斯家门口的人行道上，聊得忘记了时间。

沃兹后来这样回忆当时的情形：

"我当时真觉得他跟我挺像的。跟别人说明自己的设计总是会很伤脑筋，但乔布斯总是马上就能明白我想说什么。我和他一拍即合。那时他非常瘦，却让人觉得充满了活力。"

乔布斯则这样回忆道：

"我马上就喜欢上了他。当时我显得比较老成，他却给人感觉很稚嫩，所以我们很互补。沃兹非常聪明，但心理年龄却跟我相当。"

两个人在某些方面很相似，在另一些方面却截然相反。

沃兹有时会显得很像个孩子。

他很害羞，不善交际。比起跟大家一起在外边玩，他更喜欢在自己房间里测试电子元器件的性能，或查阅设计逻辑电路时必不可少的布尔代数。这对沃兹来说绝对更有趣，更能让他放松。

乔布斯则正相反，他显得很成熟。虽然他的朋友也并不算多，但那是因为周围没有能让他觉得思维相当的朋友。不难想象，也没有多少孩子会愿意成为聪颖过人而又有些乖僻的乔布斯的朋友。

虽然美国人并不在意相互之间的年龄差距，但即便如此，相差5岁的沃兹和乔布斯能够很快成为朋友，想必正是因为他们是一对相对晚熟与相对早熟的组合。

乔布斯倾向于把所有的事物都划分成两个极端。

乔布斯那时应该也是一个好恶分明的孩子，

要么非常喜欢，要么厌恶至极。对他来说，不存在"还算喜欢""不太喜欢"这样的中庸选项。

据说，乔布斯在变得富有后买下很大的房子，里面却几乎不放任何家具，而是在空荡荡的房间里直接铺上垫子睡觉。原因是他过于追求完美，以致找不到能让他满意的家具。

对他来说，这个世界是由 1 和 0 构成的。就像开关，非开即关，非此即彼，非黑即白。

如果他面对的是人，他作出的评价也或者是聪明绝顶，或者是傻瓜一个。

而沃兹正是这样一个聪明绝顶的人。

乔布斯一直认为要论搞恶作剧，这个世界上没有人能出其右。但沃兹在这方面也要高出乔布斯一筹。虽然沃兹是一个非常诚恳、从来没有撒过谎的人，但说起搞恶作剧，就另当别论了。恶作剧几乎成了他证明自身存在意义的手段。

在沃兹不计其数的恶作剧中，最得意的作品大概要数"电视信号干扰器"了。

一个晶体管、两三个电阻、一个电容、一个线圈——只要有这些东西，就能做出一个电视信号干扰器。

这本来是一个用来发射与电视信号频率相同的电波的小玩意。沃兹偶然看到它的电路图，于是想到可以对它稍加改造来搞恶作剧。那时他还是大学一年级的学生。

干扰器的用法非常简单：把它藏在口袋里，跑到大家聚在一起看电视的地方（比如大学的娱乐室），打开干扰器的开关，电视画面就会因为受到干扰而变得一团糟。这么一个简单的恶作剧，到了沃兹的手里就变成了一出精彩的搞笑剧。

让这个恶作剧出彩的诀窍在于让乱糟糟的电视画面恢复正常的时机。

当有人想让画面恢复正常而拍打电视机时，沃兹就关掉干扰器，然后过一会儿再打开。接下来，等到别人拍了三四下的时候再关掉干扰器。

之后的情形大家也就能想象得到了。

"不久后，大家就开始猜测是不是与身体所处的位置有关。一次，有三个人一起上阵，想把电视弄出个名堂来。然后我就一直等着，看有没有谁会干出点滑稽的事来。这时其中一个人单脚站在椅子上，又把手凑到屏幕中央。我想这个姿势不错，就让电视恢复了正常。另一个人发现了，马上说'喂！电视好了'。大家松了一口气，电视正面那个人也把手放了下来。我看准那个瞬间，又把干扰器打开了。"

沃兹后来回忆说，看着为了让大家看电视而一直保持各种奇妙姿势的朋友们，他拼命忍住不让自己笑出声来。他搞恶作剧真可以说是达到了专业水准。

听了这个故事,乔布斯更喜欢这个朋友了。

乔布斯还是一个很容易对别人产生崇敬心理的人,这也许跟他把任何事物都分成最棒或最糟的思维方式有关。

当他遇到一个人并在那个人身上发现自己没有的特质时,他就会打心底敬佩那个人。但就像牵牛花到了中午就会萎蔫得面目全非一样,他的崇敬之情并不一定会一直持续下去。当出现什么契机,让他看到那个人才能的上限时,他就会突然变得非常冷淡——就好像开关被拨动了一样。

被乔布斯这样对待过的人不胜枚举,只有沃兹是一个例外。在乔布斯的一生中,不管两个人的关系如何变化,他都从来没有对这位年长于自己的朋友失去敬意。

而沃兹也是一样。在他看来,没有谁能像

乔布斯那样彻底地理解和敬重自己的才能。两个史蒂夫在转瞬之间就成了无可比拟的挚友，并且一起干下了无数的恶作剧。被他们捉弄的人自然是气不打一处来。

但这两个性格恰恰相反的人后来齐心协力开创的事业，无疑就是他们在年少时干下的种种恶作剧的延伸。

自己所做的事情是否有趣，能否让自己心动不已，是他们在决定要做什么时的先决条件。

因此，在开始把目光转向社会之前，他们确实也干了一些铤而走险的事情。

蓝盒子

事情发生在1971年夏天。在霍姆斯特德高中上学的乔布斯马上就要升到四年级了，而沃兹也即将成为加州大学伯克利分校的大三学生。事情的起因则是沃兹在家里看杂志时读到的一篇文章——《蓝盒子之谜》。

文章里说,美国各地的电信迷发现了能够随心所欲侵入电话系统的秘技,诀窍是频率为2600赫兹的声音。

当时的电信迷就好像网络时代的"黑客"。他们解析正在蓬勃发展的电话网,一旦找到系统的弱点和漏洞,马上就公之于众,或在电信迷的圈子里进行分享。

"蓝盒子"指的是被电信迷热议的某种装置。

开发蓝盒子的并不是电话公司,而是一个人称"嘎吱船长"的电信迷。据说,他发现了利用"嘎吱船长"牌麦片附赠的哨子免费打电话的方法。吹响那个哨子,它就能发出频率为2600赫兹的声音。"嘎吱船长"发现,只要让这种声音传到话筒里,他就能够让电话线另一端的系统处于自己的掌控之下。

"嘎吱船长"又反复进行研究,最后发明出一种能够免费打电话的装置。那个装置,就是蓝盒子。

读到这篇文章的沃兹马上就坐不住了。他打电话给乔布斯,把这篇文章念给他听。就算是海盗留下的藏宝图刊登在杂志上,大概也不会让他如此激动吧。

两个人开着沃兹的车,奔向斯坦福大学直线加速器中心的图书馆。

在着手制造冰淇淋汽水计算机之前,还在上高中的时候,沃兹就已经设计过好几种计算机。但由于缺乏材料,所以并未能进行实际制造,只是纸上谈兵、自娱自乐罢了。当时为了查阅相关资料,他经常偷偷溜进这座图书馆。直线加速器中心的图书馆是一座收藏有大量技术类专业书籍的图书馆,里面有一般图书馆所没有的电子类专业书籍和报纸。

两个人溜进图书馆,把可能有关的资料查了个底朝天,最后终于在最深处的书架的最下面一层,找到了电话公司发行的、记载着他们所需全部信息的技术杂志。这成了乔布斯人生中又一个难以忘怀的瞬间——"我的天,竟然全都是真的!"乔布斯后来这样回忆自己的第一反应。

那本技术杂志写得非常详尽:在电话的交换机系统中,把若干个不同频率的声音叠加在一起可以表示一个数字。杂志还标明了每个数字所对应的具体频率。比如,把700赫兹和900赫兹的声音重叠到一起表示"1"。

沃兹也在自传中用无比激动的笔触这样写道:

"我简直动弹不得。我抓紧乔布斯的胳膊,

差点将大发现带来的喜悦喊了出来。两个人一起瞪大眼睛盯着频率表。我能感觉到身体里肾上腺素在不停分泌。哇噢，这是真的！……我的嘴在止不住地说着，全身都因为兴奋而起了鸡皮疙瘩。那感觉就跟找到了财宝一样。在回家的路上，我们两个人还在说个不停，兴奋劲儿丝毫没有消退。"

人类在1876年发明了电话。两年后（1878年），全美已经有148家电话公司开始营业。以当时的标准来看，极其惊人的速度将这一文明的利器快速渗透到社会的各个角落并极大改变了人与人的交流方式。

到了乔布斯生活的年代，也就是20世纪70年代，世界各地的电话网开始通过卫星和海底电缆进一步连接到一起。不论身处地球的哪个角落，人们都能够自由通话的时代已经拉开了帷幕。因此，他们发现了能够自由操纵正在逐渐覆盖全球的电话网络的秘密。

他们当时的心情想必就像是发现了这个世界的奥秘。

枪口惊魂

沃兹在当天就凑齐了所需的零件并开始在乔布斯家试制第一个蓝盒子。但那个蓝盒子并没有正常工作——沃兹未能让蓝盒子的频率保持稳定。

经过反复尝试，沃兹终于在两三个月之后制作出了一个使用石英晶体谐振器的蓝盒子。这也许是世界上唯一一个数码式的蓝盒子。它不需要对频率进行复杂的调整，只需像拨打按键式电话那样按下按钮就能使用。

试验蓝盒子也是在乔布斯家。根据乔布斯

的回忆，电话是打给了沃兹的某个亲戚。

"晚上好！我现在是在给你打免费电话！不花一分钱！"

这就是沃兹用蓝盒子打电话时说的第一句话。

就这样，两个人学会了操纵全球电话网的"魔法"。

他们想尽各种办法用公共电话胡闹：有时从公共电话经由国际电话专用的卫星和海底电缆，在绕地球5周之后打到旁边的那部公共电话上（这样会让说话的声音在延迟几秒后从隔壁电话的听筒里传出来）；有时不停拨电话给外国各式各样的笑话专线（只要拨通电话，就能听到事先录好的笑话，当时这样的电话服务相当受欢迎）；沃兹还模仿当时国务卿亨利·基辛格浓重的德国口音往梵蒂冈打电话，让他们把电话接到教皇那里去。最后，乔布斯产生了这样的想法：

"这个拿来卖钱怎么样?"

他当时想出来的宣传语是,"把世界掌握在你的手里"。

零部件的成本是 40 美元,售价则是 150 美元。他们在沃兹住的男生宿舍里推销,很多有朋友在外国的学生买下了他们的蓝盒子。

当然,他们的行为有可能会触犯法律。

乔布斯和沃兹害怕被警察抓住,只敢偷偷地售卖,直到有一天自食其果。

沃兹在自传中这样写道:

"有一天,我和史蒂夫正准备出手一个蓝盒子。史蒂夫好像无论如何都需要一笔钱,说今天一定要想办法卖掉一个。

"那是一个星期天,我们正在去伯克利卖蓝盒子的路上。我们顺路去了一家比萨店,正好旁边桌子上有几个人在吃比萨。我觉得也许能卖给他们,就试着跟他们搭了话。"

乔布斯和沃兹用后门附近的公共电话给那几个人演示了蓝盒子的用法。他们的演示很成功，但那几个人身上的钱不够。

这时他们掏出来的不是钱，而是一把手枪。

乔布斯这样回忆当时的情形：

"他们中的一个人把枪顶在我的肚子上，让我把东西交给他。我当时拼命想该怎么办，如果关上门，就有可能把那个人的脚夹住，也就有机会逃跑了，但被枪打到的概率也很高。想到这儿，我就把蓝盒子慢慢地递给了他。"

那并不是什么电影里使用的道具，而是一把真正的手枪。

那些人明明用枪抢走了蓝盒子，却又作出了很奇妙的举动。他们递过来一张写着电话号码的纸片，说他们以后会付钱，让两个人跟他们联系。

大家也许会想，他们原来并不是坏人。

但这样的想法未免过于天真了。

他们留下联系方式，自然不是为了乔布斯和沃兹，而是为了他们自己。他们觉得乔布斯和沃兹也许还有利用的价值，能帮助他们做坏事，毕竟那两个孩子竟然能自己造出免费打电话的机器。

给那个电话号码打电话意味着自己把手伸进毒蛇的巢穴，虽然这并不一定百分之百会被毒蛇咬到……

乔布斯竟然真的在几天后给那伙人打去了电话，因为他怎样都想让对方付钱。就算对方不付钱，他希望至少能把蓝盒子要回来。

接电话的是一个叫查尔斯的男人。他说在付钱之前还想再见一次两个人，他们似乎并没有弄清楚蓝盒子应该怎么用。

沃兹这样回忆当时的情形：

"史蒂夫竭力想让对方把蓝盒子还给他，查

尔斯说想见他，但哪怕是在周围有很多人的地方，我们也不愿意跟他再见面。我盘算着要不要告诉他一些会被收费的打法，比如让他给808（也就是夏威夷的区号）开头的电话号码打电话，或者别的什么会让他被抓住的打法。如果给555开头的信息查询号码一连打上好几个小时的电话，肯定会被人注意到。

"很遗憾，像我这么喜欢恶作剧的人当时竟然没有想到让他们往警察局打电话。不过，刚才我说的那几个点子最终也没敢付诸实施。就在我们犹豫不决之间，史蒂夫把电话给挂掉了。总的来说，就是害怕了，没心思再玩下去了。"

两个酷爱恶作剧的捣蛋鬼这次终于被吓住了。

他们围绕着蓝盒子的一连串冒险也就此画上了句号。

第三章

俳句禅堂

工程师与嬉皮士

多年以后,乔布斯一方面反省把蓝盒子拿去卖是一个错误,同时也表示那件事教会了他和沃兹一件很重要的事情。

"那时候我们都还很年轻。但即便自己很年轻,我们也可以创造出一些了不起的东西,就像蓝盒子。它可以自由控制电话网这个耗费了数十亿美元、覆盖整个世界的基础设施,这就是我们通过那次经历学到的东西。我们做的那个小玩意控制了大得超乎想象的基础设施。那是一堂很棒的实习课,要是没有那次经历,也就不会有后来苹果计算机公司的诞生。"

我们回首过去，有时会感觉人生就好像一条没有岔路的直路，但那不过是一种错觉。如果立足现在这个瞬间放眼过去，人生其实就好像魔法师的扫帚，有着无数的分支，并且分支的多寡会因人而异。

沃兹的扫帚分支要少一些。当一个工程师是他从小的梦想，而这个梦想一直没有发生改变。

在加州大学伯克利分校上完三年级后，他的梦想很快就实现了。他收到惠普公司的邀请，加入到新一代函数计算器的研发当中。沃兹随后退了学，在22岁时成为惠普公司的一名工程师。

"不过，我当时的工作并不是开发计算机。我在惠普搞的是计算器的设计，我当时觉得自己会在那里干一辈子。"

惠普公司就是乔布斯直接给总裁打电话拿

到免费电子元件,并在暑假去打过工的那家公司,也是他学到什么才是理想中的企业的地方。

沃兹在那里开始了成为工程师的幸福人生。

乔布斯这时则成了一名嬉皮士。

跟沃兹相比,乔布斯的扫帚有着更多的分支。

这时的乔布斯还完全不知道自己的一生应该做什么,或者说自己想做什么。

即便是电子学和计算机,至少对当时的他来说,只不过是众多感兴趣的事物中的一个。

我们不应忽视的是,那是在20世纪70年代初期。

在那个年代,像沃兹那样对电子学无所不知的年轻人终究只是一个例外,对计算机感兴趣还是一件很另类的事情。

乔布斯和沃兹成为至交,也不仅仅是出于对电子学的共同爱好。

他们两个人的偶像都是披头士和鲍勃·迪伦。鲍勃·迪伦尤其让他们痴迷。两个人都觉得迪伦的歌词意味深长,充满了对人生的启示。他们一起跑遍街头的唱片店淘盗版唱片,或跑到曾经采访过鲍勃·迪伦的记者家里要求见面。

据沃兹说,还在上高中的乔布斯已经志向远大。

他的房间里贴的都是爱因斯坦、甘地、莎士比亚等伟人的大幅图片。乔布斯还喜欢读他们的传记,一心想知道他们具体做过什么。虽然他从来没有说过具体想做什么,但沃兹认为,既然他把伟人当成自己的偶像,说明他自己一定也想成为一名伟人。

有人说,与乔布斯交谈就好像在与消防栓说话,因为一旦乔布斯说起他热衷的事情,谁都不可能堵上他那张滔滔不绝的嘴巴。

与沃兹和乔布斯从小就认识的比尔·费尔

南德斯则说，上高中时的乔布斯是一个寡言少语、喜欢思考的少年。

"我们两个总是一起长时间散步，讨论哲学或人生意义之类的话题。比如，'我们为什么出生到这个世界上？''这个世界究竟是什么？''上帝是否真的存在？'等。当然，我们也会讨论一些俗气的问题，比如'怎样交到女朋友？''交到女朋友后该怎么相处？'等。总之，相较于一起玩美式橄榄球、棒球，或者一大帮人出去开派对，我们更喜欢一边走路一边聊天。"

在有什么重要事情的时候，比起坐在桌子前，乔布斯更喜欢边走边说——这一习惯他一直没有改变。

志向远大、"消防栓"、沉默寡言的思考者——这些都是乔布斯个性的不同侧面。

没有谢谢,也没有再见

正如沃兹所说的那样,当时的乔布斯充满了活力。一旦有感兴趣的东西,他就会彻底钻研。和其他处于青春期的年轻人一样,他也一直在寻觅值得他花费一生去追求的东西。

在他就要上大学的时候,他的兴趣开始转向对人类思想的探求。在这一兴趣的驱使下,他接触到了迥异于西方文明的价值观。

乔布斯在一次采访中曾说过,学习编程语言是一种重新认识"思考"本质的很好训练。他对于计算机的关注,同时也是在思索什么是"思考"。

但世界上还存在着与西方偏重理性的思维不同的思考方式,那就是来自东方的哲学。

1972年秋,乔布斯被位于俄勒冈州波特兰市的里德学院录取。里德学院是一所以通识教育著称的私立大学。

所谓通识教育是指打破文理分科,广泛学习各学科知识,积极培养创造性思维的教育体系。通识教育源于古希腊、古罗马的"七艺"——语法、修辞、逻辑、代数、几何、天文、音乐。里德学院既重视这些古典修养,自然科学方面的课程也非常丰富。校园内甚至设有供研究用的核反应堆,是一座非常有特色的大学。里德学院还以高难度的课程著称,每年都会有很多学生无法升学;而且里德学院秉承少而精的方针,是美国学费最贵的大学之一。

在硅谷周边就有好几所一流大学:斯坦福大学、加州大学伯克利分校……而且如果是在加州州内,还能作为当地居民享受学费减免,也更容易拿到奖学金。乔布斯的父母竭力劝说乔布斯放弃里德学院。但乔布斯又使出了他的绝招——"如果去不了里德学院,我就不上大学。"父母只好听从他的要求。乔布斯的养父母在领养他的时候，曾答应他的亲生母亲，无论如何也会让乔布斯上大学。

里德学院还以校风自由、尊重学生自主性而闻名，对嬉皮士运动表现得很宽容。研究通过致幻剂来寻求精神启迪的蒂莫西·利里、理查德·阿尔珀特等嬉皮士运动的知名人物经常造访里德学院。里德学院的图书馆里还藏有大量关于印度哲学、瑜伽、禅宗的书籍。

父母开车把乔布斯送到了远在千里之外的里德学院，可是乔布斯竟然拒绝让父母把他送进校园。既没有向父母表示感谢，也没有向父母道别，乔布斯就这么一个人下了车。

在沃尔特·艾萨克森撰写的乔布斯传记中，乔布斯曾表示，他当时的行为是为数不多的几件让他后悔的事情之一。

"那时我真的是做了一件很让人羞愧的事

情。我毫无顾忌的言行让父母受到了很大的伤害。我真不该那样做。为了让我上那所大学，他们作出了很大的牺牲，可是我不想和他们一起出现在学校里。我不想让大家知道我有父母，我想让别人觉得我是一个靠搭便车浪迹天涯的孤儿，只是出于偶然才出现在这里——一个没有故乡、举目无亲的孤儿。"

乔布斯让父母把自己送进了这所大学，他却在半年后退学了。

没有学籍的大学生

"本来就只是普通劳动者的父母辛苦积攒的存款，全都用来供我上学。过了半年，我已经感觉不到继续待在那里的价值了。我既没有找到一生想做的事情，也感觉不到大学能对寻找人生目标起到什么作用,而我竟然要在那里把父母花一辈子积攒下来的钱全部花掉,于是我决定退学。之后的事情就顺其自然好了。这对当时的我来说是一个非常可怕的决定。但现在回头再看,那无疑是我人生中最正确的判断之一。"在 2005 年 6 月受邀出席斯坦福大学的毕业典礼时,乔布斯在毕业致辞中这样说道。

他提到了退学这一决定给他带来的恐惧,这让人印象深刻。原来不为他人的意见左右、我行我素、天生叛逆的乔布斯也会因为像退学这样的事情而感到恐惧。

他并不是什么超人。他也和我们一样,一边迷茫,一边努力思索,在不安中作出决定,跌跌撞撞地走在人生的道路上。

也许正是出于这样的不安,乔布斯采取了一种很独特的做法。他在退学后仍然选择留在大学里。

校方知道已经提交了退学申请、没有缴纳学费的乔布斯仍在校园里出没。乔布斯不能再住在学生宿舍里,所以只能辗转于朋友们的学生宿舍。这件事也被校方察觉,但乔布斯并没有受到处分。

就这样,在之后的一年时间里,乔布斯或者去旁听自己觉得有意思的课程,或者去做自己想做的事情。他长发过肩,并且只要不下雪,什么时候都光着脚,他完全成了一副嬉皮士的模样。他不吃肉食,坚持以天然食物为主的饮食习惯也是从这个时候开始的。他会偶尔断食,或者在一个星期里只靠吃苹果来度日,他还把朋友房间的阁楼改造成了供自己冥想的空间。

但乔布斯的无学籍生活也并不全是浪漫的事情。

"学生宿舍里已经没有我的房间,所以我只能在朋友房间的地板上睡觉。为了能在星期天晚上吃到像样的东西,我会走上10000米,横穿整个城市,去位于城市另一端的修行中心。"

乔布斯说,在后来的人生中,他渐渐明白,当时他在好奇心和直觉的指引下接触到的东西,有很多都是极富价值且无可替代的。

里德学院的学工处长杰克·达德曼说过,"乔布斯是一个很有钻研精神的人""哪怕是别人认为理所当然的事情,他也会认真加以思考,直到自己得出结论为止"。

一旦有东西引起了乔布斯的兴趣,他就会对它进行彻底钻研。用自己的眼睛去看,用自己的心去感受,用自己的头脑去思考,这就是他的行为方式。

在这样度过一年之后,乔布斯离开了大学,回到了自己在硅谷的家。时间是1974年初,那时史蒂夫·乔布斯19岁。

为了找工作,他来到了创业才两年的雅达

利（Atari）公司。雅达利公司是世界上最早的电子游戏公司，其名称来自日语中的围棋用语"打吃"。雅达利的创始人之一诺兰·布什内尔曾取得日本棋院颁发的段位。

乔布斯去雅达利时的装束就跟他从大学回到家时一般无二。他穿着凉鞋，长发过肩，已经好几天没有洗澡了。

据说，当时负责接待他的人事主管告诉雅达利的总工程师艾伦·奥尔康，"他说不雇用他，他就不走了"。就这样，乔布斯开始在雅达利工作。

乔布斯的同事对他的印象糟糕透顶：身上散发着奇妙的味道，态度桀骜不驯，说什么都不听。不少员工都表示应该把他炒掉，但布什内尔却很喜欢他。

"他比别的员工更富有哲思，曾经不止一次地与我就自由意志和决定论等进行探讨。我认为，事物在很大程度上都是由宿命决定的，人的行动都有章可循，只要掌握完备的信息，人的行动是可以预测的，但史蒂夫的观点与我完全不同。"

布什内尔把乔布斯换成夜班，好让他能在别的员工下班后工作。乔布斯对此并没有表示出不满。也许是因为这样他工作起来能够更加无拘无束，而另一个更重要的原因是，他其实有自己的目的。

印度之旅

在雅达利工作了还不到半年，乔布斯就向自己的上司奥尔康提出辞职，理由是他想去印度寻找导师。

"他跑到我那里，盯着我的眼睛说：我要去

印度寻找导师。我说：噢！这可太棒了，记得给我写信喔。于是他就开口向我要路费。我当时就骂了一句：你这个混蛋！"

奥尔康虽然骂了乔布斯，但最终还是帮助了他。他给乔布斯指派的最后的工作，是去德国和意大利出差。如果从欧洲去印度，飞机票会比从美国出发节省很多。

乔布斯就这样取道欧洲去了印度。他最先来到的是印度首都新德里。

抵达伊始，他就接受了印度的"洗礼"。他患上了痢疾，在腹泻的痛苦折磨中躺了一个星期，体重减了15千克。瘦骨嶙峋的乔布斯下一个要前往的是靠近恒河源头的朝圣之地赫尔德瓦尔，他想去参加声势浩大的大壶节。在大壶节期间，被称为苦行僧的修行者会从印度各地会聚于此，在恒河中沐浴。他们相信，沐浴能使人从因果轮回中解脱出来。

"这里遍地都是圣者。这边的帐篷里是导师，那边的帐篷里也是导师，还有骑在大象背上的也是导师，简直无奇不有。我在那里待了几天，觉得那里并不是我想找的地方。"

之后，乔布斯开始为了寻找真正的圣者而四处漫游。在旅途中，他与在里德学院结识的朋友丹尼尔·科特基会合。科特基后来在接受日本 NHK 采访时这样回忆当时的情景：

"会合之后，我们去了印度国内的很多地方旅行。我们主要走访寺院和修行所，希望能够找到真正的圣者，亲眼见证真正的奇迹。但直到最后，我们也没能亲眼看见圣者或奇迹。毕竟当时获得成功的圣者差不多全都离开印度跑到美国来了，美国能让他们赚到更多的钱。"

在印度旅行 7 个月后回到美国的乔布斯，已经让母亲完全认不出来了。他的皮肤晒成了深褐色，剃了光头，身上则穿着从印度带回来的修行者专用的橘红色长袍。

虽然与圣者见面的目的没能达到,但乔布斯通过印度之行学会了如何看待全新的事物。

"在印度乡村度过的7个月,使我能够看清西方社会与理性思维密不可分的关系以及西方社会不合理的地方。一直坐着静静地观察自己,就能发觉自己的内心是多么浮躁。这时越是想静下来,就越是无法让心平静。但慢慢地,我就能听到一个难以捉摸的声音在说:只要有耐心,就能让自己真正静下来。这时我的直觉开始升华,事物看上去逐渐明晰,对现状更容易把握。我能够以一颗沉着的心来对现在这个瞬间进行细微的感知,看到很多以往看不到的东西。这是一种素养,为此需要进行修行。从那时起,我开始受到禅的巨大影响。我曾考虑去日本的永平寺,但导师说你应该留在这里,所以我才没有成行。他说这里没有的东西那里也不会有。他说得很对。"

日本导师

乔布斯这里所说的导师指的是日本曹洞宗的禅僧乙川弘文。

在结束印度漫游、回到硅谷后，乔布斯重新开始在雅达利上班。

他一边像从前那样上夜班，一边在斯坦福大学旁听物理学和工学课程，还时常去位于洛斯阿尔托斯的俳句禅堂坐禅。那家禅堂是由私人车库改装而成的。之所以叫俳句禅堂，是因为禅堂里有17个座位，跟俳句的字数一样。

在俳句禅堂传授曹洞宗的便是乙川。

乙川1938年出生于新潟县加茂市的曹洞宗寺庙定光寺，从小学佛，曾在曹洞宗大本山永平寺修行，1967年作为国际传教僧人赴美，在美国以及欧洲各地建立禅堂，2002年在远赴瑞士传教期间去世。

柳田由纪子曾翻译过讲述乔布斯与乙川之间交往的美国漫画《史蒂夫·乔布斯的禅》。根据她的介绍，乙川似乎是一位非常别具一格的禅僧。乙川虽然在日本佛教界默默无闻，但一直受到永平寺第78代住持宫崎奕保的关照。宫崎终身未婚，在百岁之后仍然坚持修行。乙川在永平寺时一直都在这位禅师门下修行，他后来却结过两次婚，还至少有过一次同居生活。在他主持的禅堂里，大家可以自由离开自己的座位，他也不会用香板敲打坐禅者的肩膀。他不剃发，让徒弟们直呼他的名字。他英语说得不好，话语间还会停顿很长时间，有时甚至会在说话的过程中睡着。

对于乔布斯来说，乙川算得上是他的终生

导师。

"和弘文师父的邂逅让我心里充满了感激。不知从什么时候开始,我总是尽量多地跟他待在一起。师父有两个孩子,他的夫人在斯坦福大学当护士。我总是傍晚去师父那里,师父的夫人那时上夜班,很多次,我都被深夜下班回家的夫人从家里赶出来。"

有很多人都说,当时曾看到乙川和乔布斯在洛斯阿尔托斯住宅区的小路上边走边谈。

乔布斯和乙川的交往一直持续到 2002 年乙川去世。

后来乔布斯在 1985 年被赶出苹果公司,转而创立 NeXT 的时候,曾让乙川以宗教顾问的身份正式加入新公司。在 1991 年乔布斯与劳伦·鲍威尔结婚的时候,主持婚礼的也是乙川。

乙川还曾在乔布斯的山庄生活过。虽然他们两个人的关系如此亲密,但乙川几乎没有与周围的人提起过他和乔布斯的常年交往。

在乙川现存的记录中,柳田曾看过一段也许算得上是唯一例外的录像。那是在乙川去世10周年的时候,在位于加州深山当中的禅堂慈光寺中举行的追悼供养仪式上播放的一段乙川生前的录像。他在录像中说了如下一段话。在这段话里,他并没有提到乔布斯的名字。话中的保罗应该指的是乔布斯的父亲保罗·乔布斯。从说话的口吻来看,他和保罗好像曾经是挚友。

保罗领养了一个很特别的男孩。大概20年前吧,那个孩子半夜跑到我们夫妻在加州洛斯阿尔托斯的家里。他光着脚,披着长发,穿着满是破洞的牛仔裤。当时他应该18岁吧。我妻子很生气,说:你的徒弟全都是些怪人。她根本就不让他进门。他的衣着确实很糟糕,但我能感觉出他是认真的。于是我就和他一起在半夜出了门。我们走进唯一一家开着门的酒吧。坐在吧台前，所有人都好奇地看着我们，因为他实在是太臭了。他说他开悟了，我就让他给我看证据。他说还不能给我看。那天晚上就这么过去了。一个星期后，他又光着脚跑来说：这就是我开悟的证据。他把一块大约长 30 厘米、宽 15 厘米的金属板递给我看。我当时还以为那是一块很大的巧克力板。但现在回想起来，那应该就是第一块个人计算机的主板了。[1]

赤脚少年与禅僧

乙川弘文的回忆简直就像是电影中的一个场景。

---

[1] 柳田由纪子，《史蒂夫·乔布斯曾经挚爱的禅师：乙川弘文评传 3》，刊载于 *Kotoba* 2012 年秋季号。

硅谷某家深夜营业的酒吧。长发披肩、牛仔裤上满是窟窿的赤脚少年和日本禅僧并排坐在吧台前。

禅僧小口小口地品着玻璃杯里的威士忌。

少年侧过脸来,直直地盯着坐在旁边的禅僧。

被少年的视线注视的和尚不由得叹了一口气,放下杯子看了一眼少年。

沉默。在一瞬的沉默之后,禅僧脸上露出了神秘的微笑。

"是吗?你还真做到了。但是证据呢?"

"嗯——还不能给您看。"

禅僧耸了耸肩,微微叹息,又伸手去拿装着威士忌的酒杯。

一个星期后,住宅区。禅僧家的门铃响了。

打开门,门口站着那个光脚的少年。

少年从脏脏的袋子里拿出了什么,递给和尚。

这是一块密密麻麻地焊着电子元件、跟垫板差不多大小、用合成树脂制成的薄板。

"这是什么东西?"

"Apple I。"

看到和尚一脸不解的表情,少年爽朗地说:

"是计算机。这就是我悟到的东西。"

严格来说,事实并不是这样。

沃兹和史蒂夫制作的第一部计算机诞生于 1976 年,那时乔布斯 21 岁。

到底是弘文师父的记忆有误,还是乔布斯给他看的是别的什么主板……事实究竟如何,在这里就没有必要再去追究了。

重要的是,影响到乔布斯一生的师父相信,作为自己开悟的证据,乔布斯意气风发地拿给他看的就是 Apple I 的主板。

乔布斯究竟是觉得计算机本身就是一种领悟,还是认为如果开悟了就能够制造出计算机？很遗憾，我们已经无从知道深夜走在洛斯阿尔托斯街道上的两个人之间究竟有过怎样的对话了。

但我觉得，这位来自日本的禅僧似乎能够理解开发计算机对乔布斯来说究竟意味着什么。

乔布斯的动力

读到这里，我们不禁会想，驱动乔布斯的动力是什么？

小时候的乔布斯本来是一个缺乏稳重和耐性、只知道搞恶作剧的孩子。但这样的乔布斯会自发地去禅堂坐禅。

了解乔布斯过去的朋友说，他之所以会这样，是因为他是一个养子，一直很在意自己小时候被生母抛弃这件事。

乔布斯很厌恶"真正的父母"这种说法。他一直强调，自己真正的父母是把自己养育成人的保罗·乔布斯和克拉拉·乔布斯。他经常使用的是"生母"或"生父"这样的说法。

乔布斯的生父是一个叙利亚人。出生于叙利亚富裕家庭的阿卜杜勒法塔赫·钱德里，在威斯康星大学研究生院攻读政治学时，与同为研究生的乔安妮·席贝尔坠入了爱河，然后一个男孩诞生了。

乔安妮·席贝尔的父亲是德国移民的后裔，为人严厉。他不允许女儿和钱德里结婚。于是两个人的孩子被送给了保罗和克拉拉夫妇做养子。

那个孩子便是史蒂夫·乔布斯。

前面已经提到过，保罗和克拉拉从来没有对史蒂夫隐瞒过这件事。

两个人对史蒂夫倾注了极大的爱心，这

一点从史蒂夫谈到父母时的口吻和神态就能看出来。

对他来说，保罗和克拉拉才是真正的父母。

但在经历青春期之后，史蒂夫确实开始在意起自己的亲生父母。他曾打算雇用私家侦探去打听生母的下落，但由于害怕伤害到"真正的"父母，所以并没有付诸实践。

为什么把自己送给别人做养子？更直截了当地说，为什么抛弃自己？这是乔布斯最希望知道的。也有乔布斯的朋友透露，乔布斯曾亲口对他说：他对亲生父母抛弃自己这件事感到十分愤怒，同时也觉得必须在这个事实与自己的感情之间找到一个平衡。

乔布斯的身世是一个驱动他的因素。这应该是事实。曾跟他一起参禅的朋友莱斯·凯说过，他"一直苦苦寻觅在这个世界上属于自己的位置"。

我的禅名为计算机

乔布斯似乎很认真地考虑过要出家为僧,但他受到了弘文师父的劝阻。

乙川在前边提到过的那段录像中这样说道:

"他常常对我说:帮我剃度为僧吧。我总说不行,因为他不是一个好的修行者,他完全不懂摄心。也许是因为他太聪明了吧,他坐禅根本超不过一个小时。"

虽然乙川故意说得很滑稽,但他想必已经看出来,乔布斯有比出家为僧更应该做的事情。

并不只有坐禅才是禅。行住坐卧,砍柴担水,皆是禅,这是禅宗思想的根本。修禅并不一定要出家当和尚,乔布斯必定曾受过这样的教诲。

对于乔布斯来说,计算机就是他的禅,只不过这不是他一个人就可以修得的。

只有当沃兹在他身边的时候，计算机才能成为他的禅，至少在最初的阶段是这样。

就在从印度归来的乔布斯一边在雅达利工作，一边在俳句禅堂想努力参透些什么的时候，沃兹在惠普开发函数计算器之余，开始参加在某个失业软件工程师家中举办的集会。

对搞恶作剧无比热衷却害怕与陌生人交谈的沃兹一次不落地参加了那个集会，集会的名字叫家酿计算机俱乐部。

第四章

苹果树下

家酿计算机俱乐部

家酿也就是自家酿造,一般指自酿啤酒。

不少美国人把亲自酿制啤酒当成一种兴趣爱好。而这个家酿计算机俱乐部的兴趣所在并不是自己酿造啤酒,而是自己制造计算机。

前面已经多次提到,当时还是政府和大企业垄断计算机使用的时代。但就在这样一个年代,家酿计算机俱乐部的人试图用自己的双手制造出计算机。

在这个时候出现这样的尝试,是有其原因的。在前一年的圣诞节,世界上第一款真正面向个人的计算机面世了,这立即在美国造成了不小的轰动。

这款计算机就是位于新墨西哥州的MITS公司（Micro Instrumentation and Telemetry Systems，微仪系统家用电子公司）在1974年开发的阿尔泰8800。

整套配件的价格是397美元，组装好的机器是498美元，这个价格大致相当于沃兹当时一个月的工资。

阿尔泰计算机使用了当时最新式的微处理器。

"就在那个瞬间，我完全明白了阿尔泰计算机是怎么回事。它就是大家在集会上兴高采烈地谈论的那种计算机。它与我4年前设计的冰淇淋汽水计算机是同一种东西，差不多完全一样。非要说有什么不同的话，那就是冰淇淋汽水计算机的CPU是由好几块芯片构成的。"

CPU（中央处理器）是计算机中执行程序指令的硬件，由运算器、控制器、存储器等构成，是计算机名副其实的大脑。

沃兹之前在设计冰淇淋汽水计算机时,把若干个芯片组合在一起,实现了CPU的功能——毕竟当时他别无选择。

沃兹在上高中时就已经在图纸上设计了好几种计算机。也就是说,在他还是高中生时,他就已经在自行设计CPU了。对于一个十几岁的少年来说,这确实相当了不起。

也正因为如此,他比在场的任何人都更能理解装在阿尔泰计算机上的微处理器所具有的意义。

在成为惠普公司工程师后的好几年时间里,沃兹一直热衷于开发函数计算器和改进电子游戏。在这段时间里,他跟计算机"疏远"了很多。

但就在沃兹的视线稍稍离开计算机的这段时间里,微处理器这种超乎人们想象的科技产品出现在了历史舞台上。沃兹以前辛辛苦苦设计出来的 CPU 被装进了一块小小的芯片里。

在短短的 4 年时间里,竟然发生了如此惊人的技术进步。

作为一位工程师及一位电子学方面的天才发明家,沃兹意识到时代正处于大变革的前夜。

沃兹开悟

"那时我感到自己迄今为止的全部人生都是为了迎接这一刻而存在的。"

沃兹在自传中这样写道:

"我意识到只要有一个同样的微处理器,再加上几个存储芯片就足够了。只需要这些东西,就可以造出我一直梦寐以求的计算机。

"这太棒了!我竟然能自己动手造出一部计

算机来!"

一提到面向个人的计算机,大家可能会把它想象成我们现在的桌面计算机。但阿尔泰计算机与桌面计算机一点都不像,普通人看到它甚至根本猜不出它是个什么东西。

如果非要对阿尔泰计算机加以形容的话,只能说它有几分像组合音响里的功放:机箱大约有一个大抽屉那么大,正面是30多个发光二极管和20多个扳钮开关。上下扳动扳钮开关来对存储器进行操作,计算的结果则通过发光二极管的闪烁来显示。

其实,沃兹在家酿计算机俱乐部的首次聚会上第一次见到阿尔泰计算机时,多少有些哑然失笑。它虽然使用了微处理器,但在性能方面却与沃兹4年前打造的冰淇淋汽水计算机不相上下。

"当时我就暗暗打定主意,要造出一部完美

的计算机。只要能搞到微处理器,我就能造出超小型的计算机,然后再用它编写各种各样的程序。那些程序既可以是游戏,也可以是工作用的模拟程序,它描绘出的是无限的未来。而为了实现这一切,并不需要购买阿尔泰计算机,全都让我自己来做就可以了。

"就在那个晚上,在首次聚会的那天晚上,个人计算机的轮廓浮现在了我的脑海中,就那么砰地一下。"

我们不难想象沃兹当时有多么兴奋。

新型的个人计算机

浮现在沃兹脑海中的,是当时世界上任何人未曾想象过的全新形态的计算机,其原型则是沃兹在不久前设计的阿帕网终端。

在个人计算机诞生之前,像沃兹、乔布斯那样的普通人如果要使用计算机,只能通过分时终端操作安放在别处的大型机。

阿帕网是现在的因特网的鼻祖,由美国国防部高级研究计划局开发,是世界上最先采用分组交换技术的计算机网络。当时美国各地的大型机陆续通过这一网络实现了互相连通。沃兹曾自己设计过一款大型机的终端,他在终端上安装了用来输入指令的打字机式键盘。

沃兹脑海里浮现的构思是,在这款阿帕网终端里直接嵌入使用微处理器的小型计算机。

这样一来,它就不再是一部终端,而是一部独立的小个头的计算机了,而且还可以用键盘像打字一样输入指令。沃兹觉得自己也许能让这样一部机器变成现实。

想到这里,沃兹的脑海里又浮现了一个妙不可言的主意。

利用电视作为输出装置怎么样?

沃兹在自己钟爱的电子游戏开发过程中掌握了这方面的技术。

乔布斯工作过的雅达利公司是世界上最早的电子游戏公司,而沃兹常常在下班后晃到乔布斯那里蹭游戏玩。他还以帮乔布斯分担工作的形式开发过一些电子游戏。

沃兹的构思归纳起来就是:计算机的输入使用键盘而不是开关,输出则像电子游戏那样直接显示到电视机屏幕上。

也许有读者会说,这些点子并没有什么新鲜的,或者换种说法,那不就是现在我们放在桌子上使用的计算机吗?

这么理所当然的事情,又有什么好兴奋的呢?

但这样的意见只能说是因果倒置。

正是因为有了沃兹的这些点子,才有了我

们今天习以为常的计算机。

虽然现在地球上已经有不计其数的计算机，但我们所用的个人计算机的最基本形态，正是那天晚上在沃兹的脑海里砰地一下跳出来的。

反过来说，要是那天晚上沃兹没有想到那样的构思，或许我们今天使用的计算机会是另一副模样。

更加糟糕的可能性是，让我们用得轻松自如的个人计算机也许要晚出现很多年，甚至一直未能出现。

1975 年 6 月 29 日

那一晚过后，沃兹花了 3 个月 24 天的时间，一个人把出现在脑海中的那部计算机变成了现实。

"我看了看时间，才 10 点钟，夜晚才刚刚开始。我又花了几个小时，试着往内存里输入数据并让它们显示在电视机屏幕上，以检查数据是不是确实成功输入了。然后我又用 16 进制数输入一个简短的程序，试着运行了一下。那是一个在电视机屏幕上随机显示字符的很简单的小程序。

"虽然当时我并不觉得这有什么特别，但1975 年 6 月 29 日的那个星期天绝对是一个划时代的日子。在那一天，人类第一次用键盘输入字符并让它显示在了电视机屏幕上。"

就这样，世界上第一部个人计算机诞生了。

确切地说，"世界上第一部个人计算机"不过是沃兹和乔布斯用来给自己打气的说法。

有人说阿尔泰计算机才是世界上最早的个人计算机；也有人说其实在阿尔泰计算机之前就已经有面向个人的计算机配件上市了；还有

人说阿尔泰虽然是面向个人的计算机,但还不能被称为个人计算机。为严谨起见,我们就不在这里一口咬定沃兹的那部计算机是世界上最早的个人计算机了。

争论哪个更早并没有太大的意义,最重要的是,它给世界带来了怎样的影响。至少对乔布斯来说是这样的。

慢着,乔布斯不是跟这件事没有关系吗?读者们可能会这样想。

直到这儿,确实跟乔布斯没什么关系。

准确地说,是为了方便叙事,才没有提到乔布斯。乔布斯并不是跟这件事完全没有关系,他也时常参加家酿计算机俱乐部的聚会。关于沃兹的那部计算机,他也早在构思阶段就从沃兹那里了解到很多细节。作为雏形的阿帕网终端以及计算机本身的设计虽然都是沃兹的手笔,但实际组装以及维修都是沃兹和乔布斯两个人做的。英特尔公司价格不菲的 DRAM（动态随机存取存储器）芯片，也照例是乔布斯到处打电话没花一分钱搞到的。

即便如此，那部个人计算机实质上的开发者仍然是沃兹，但那也是属于沃兹和乔布斯两个人的个人计算机。

因为让 1975 年 6 月 29 日的夜晚成为一个值得纪念的夜晚，让沃兹的个人计算机能够永留在人类记忆当中的人，正是乔布斯。

要是没有乔布斯，那部个人计算机无疑只会在计算机迷之间被津津乐道，成为在个人计算机历史初期存在过的众多试验性机器中的一台。

因为沃兹丝毫没有想把这款耗费了他 3 个月时间的个人计算机据为己有。他把样机展示给了家酿计算机俱乐部的同伴们并向他们免费分发设计图纸。

如果他一直把图纸这么分发下去，最后会出现什么样的情况，当然谁都无法预料。

但有一点是明确的，要是他真的那样做了，就不会有后来苹果计算机公司的诞生。

沃兹的那款个人计算机最后会成为商品并风靡于世，正是因为乔布斯又抛出了他的那句话：

"这个拿来卖钱怎么样？"

我们开公司吧！

确切地说，乔布斯当时提议拿来卖钱的并不是那款个人计算机的整机，而是里面的电路板。电路板按照沃兹的想法布好电路，然后只要自己买来所需的芯片焊上，属于自己的个人计算机就算是诞生了。

这就是乔布斯最初的提议。

虽然沃兹免费分发了一些个人计算机的电路图，但按照图纸实际进行组装的人微乎其微。仅仅按照一张图纸来构建电路、从零开始组装计算机，不仅耗费时间，还需要相当懂技术。在乔布斯看来，即便在家酿计算机俱乐部的成员中，具备这一能力的人也是少数。

如果花20美元生产电路板，再标价40美元卖掉的话，这样既能帮上同伴的忙，自己和沃兹至少也不会赔本，这就是乔布斯当时的计划。

虽然阿尔泰计算机也有供组装的配件套装出售，但它需要花费将近400美元。

比阿尔泰计算机性能好得多的沃兹个人计算机，虽然还需要自己准备芯片，但关键配件才不过40美元。

但如果委托工厂生产电路板，至少需要

1000美元。

沃兹觉得根本就不可能卖那么多钱。

家酿计算机俱乐部本来就是受到阿尔泰计算机的触动而诞生的俱乐部，许多成员都是阿尔泰计算机的支持者。沃兹当然知道自己的计算机要比阿尔泰计算机出色很多，但别人不一定会这么想。俱乐部的成员只有500人左右，这其中又会有多少人对沃兹的个人计算机感兴趣呢？

沃兹本认为买卖肯定赔钱，但乔布斯只用一句话就说服了他。乔布斯用两个人还在一起搞恶作剧时的口气说：

"我们也许会赔钱，但这样我们就能拥有自己的公司，这可是我们自己开公司的难得机会啊！"

和乔布斯一起开公司？

让长发过肩、总是穿着破烂牛仔裤的两个

年轻人去经营公司？这会成为历史上最杰出的恶作剧也不一定。

沃兹一下子就动心了。

乔布斯对这位喜欢恶作剧的挚友的软肋了如指掌。

苹果计算机公司的诞生

沃兹卖掉了自己视为珍宝的 HP-65 计算器。

那可不是一台普通的计算器。HP-65 刚刚上市时的定价高达 795 美元，足以买下两套阿尔泰计算机的组件。它能读写磁卡，可由用户自己编程来进行求解微分方程之类的复杂运算。

沃兹把自己的宝贝卖给了朋友，换得了 250 美元。

乔布斯则卖掉了他的大众车，卖了 1000

美元。但在出手后车的发动机坏了，乔布斯只好承担一半的修理费。两个人好不容易才凑够1000美元。

乔布斯之所以说他们能够拥有自己的公司，是因为即便是规模很小的买卖，也需要依据法律设立公司。两个人为他们的公司选择了合伙企业这种最基本的形式，乔布斯和沃兹作为合伙人对公司可能背负的债务负有无限责任。

既然成立了公司，当然需要起一个名字。

沃兹回忆说，商量名字这件事发生在乔布斯从俄勒冈州的苹果园回来的时候。沃兹去机场接乔布斯，在回来的路上，两个人开始在车上商量公司的名字该怎么起。

乔布斯去的是他在里德学院上学时结识的某个朋友的伯父的苹果园。那个朋友把苹果园开放给他们，让他们自由自在地在那里度过周末。乔布斯很喜欢那个地方，在退学以后也时常去那里小住，顺便帮忙修剪修剪苹果树。

那时他也刚刚修剪完苹果树回来。

当两个人说起给公司取名的事情时，乔布斯提议就叫"苹果计算机"。

我们早已对"苹果公司"这个名字耳熟能详，所以不觉得有什么奇怪。但细细想来，"苹果"与"计算机"到底又有什么关系呢？

沃兹也这么觉得。不光是沃兹，听到这个名字的人一开始也大多抱有同样的想法。

乔布斯本人对这个名字究竟又有多大自信呢？也许他不过是因为满脑子想的都是修剪苹果树的事情，又没有别的什么好主意，所以才随口说出了这个名字。

他们好像也考虑过更符合电子产业形象的名字，比如"矩阵公司""Executek"（结合了"执行"和"技术"的合成词）以及更加直白的"个人计算机公司"。不过，没有哪个能让他们两个人都满意。于是他们决定，如果到第二天中午还想不出更好的名字，就拿"苹果"来当公司的名称好了。之后的结果当然就像大家知道的那样。

就这样，在1976年4月1日，也就是在"愚人节"这一天，在硅谷的一个角落，一家小小的合伙企业诞生了。

"苹果计算机"，这个名字正式成了公司的名称。

曾与乔布斯在雅达利共事并年长于他的朋友罗纳德·韦恩撰写了公司在法律方面所需的文书，乔布斯邀请这位曾自己开过公司的朋友一起创办公司。

毕竟乔布斯当时只有21岁，沃兹也才25岁。合伙人的占比是，乔布斯和沃兹各占45%，韦恩占10%。

韦恩很能干，而且擅长绘图。为他们唯一

的产品（沃兹设计的那款计算机）设计使用手册和第一个标志的都是韦恩，他的标志上画的是在苹果树下看书的牛顿。

不管是乔布斯急中生智也好，信口说来也罢，"苹果"成了公司的名字。过后人们发现，苹果真的是一种十分"意味深长"的果实。

失乐园

韦恩设计的标志在不到一年后就被换成了一个苹果右上角缺了一块的图案。乔布斯希望标志能够更加简洁，便委托专业设计师罗布·雅诺夫重新设计，其结果就是这个闻名世界的苹果图案。这个图案究竟意味着什么，一直以来众说纷纭。

流传最广的一种说法是，苹果上缺的那一

块是被人咬过（bite）的痕迹，而"bite"跟计算机术语中的"byte"（字节，信息的计量单位）同音。还有一种神秘的说法是，那个咬苹果的人就是艾伦·图灵。

图灵是为现代计算机科学奠定理论基础的天才数学家，出生于1912年。有人说，要是没有他，也就不会有现代计算机的诞生。

图灵在某天早上被发现安详地死在床上，死因是氰化物中毒。床边的桌子上放着半个被咬过的苹果。之前不久，曾有人和他一起看过电影《白雪公主》。人们猜测，他是吃了蘸过氰酸钾的苹果。那一年是1952年。

也就是说，苹果计算机公司采用那个被咬过的苹果形状当作公司的标志，是为了悼念这位现代数字计算机之父的离奇死亡并同时感谢他的丰功伟绩。但真相又如何呢？

我们很容易想象，设计了那个标志的罗

布·雅诺夫后来因为这件事接受过多少次采访。

我试着读了其中几篇。他很明确地否认那个标志与某个计算机术语或图灵之死有关。一开始，他只是简单地设计了一个苹果的图案。但他觉得那样不够有趣，而且说不定别人会觉得那是一个樱桃而不是一个苹果，于是他就设计了一个右边有咬痕的版本。"这样一来，不管是谁都会觉得那是一个苹果了。"在会议上进行演示的时候，雅诺夫把两个方案都拿给乔布斯看，乔布斯选了那个被咬缺的版本。

这应该就是真实的情况了，真相总是很平淡无奇的。

还有一种说法是，那个苹果象征着禁果。

这是一个从苹果标志刚亮相时起就一直广为流传的说法。

禁果也就是《圣经·旧约》中的智慧之果。亚当和夏娃在蛇的唆使下吃了智慧之果，从而受到了上帝的惩罚。

在17世纪弥尔顿的《失乐园》问世以后，上面这个故事又有了新的诠释。偷吃智慧之果所犯的其实是拒绝服从的罪，人类的祖先因而被赶出了乐园。但从另一个角度来看，这同时也意味着人类从上帝那里获得了自由。

通过拒绝服从而得到的智慧最终给人类带来了自由。

也就是说，那个被咬过的苹果包含着"苹果计算机公司的产品是给人类带来自由的智慧之果"这样一层寓意。

很多"苹果"粉丝都支持这种说法。

不过，雅诺夫对这一说法也给予了明确否定。

但这个围绕着智慧之果的故事，不正跟某个人的人生轨迹有几分相像吗？

不错，智慧之果的故事仿佛象征着史蒂

夫·乔布斯在进行各种各样的反抗、拒绝服从之后创办苹果计算机公司的前半生。

不仅仅是前半生,他之后的人生也非常奇妙地与这个故事相吻合。

偷吃智慧之果的人类祖先惹怒了上帝,被逐出了乐园。

乔布斯也将在不久的将来遭到放逐,只不过并不是从上帝创造的乐园。

他将不得不远离的是苹果计算机公司这个他亲手打造的乐园。

50 部的大订单

让我们重新回到公司的标志还是牛顿和苹果的时候。

合伙人之一的韦恩在公司成立后不久就退

出了苹果计算机公司,乔布斯过于性急地扩大公司业务的行为让他感到害怕。

让乔布斯产生开公司念头的电路板完成后不久,乔布斯就招揽到了第一笔大额订单。

沃兹和乔布斯在家酿计算机俱乐部演示了他们的电路板。当时大家的反应似乎并不理想,也许是大家还没能理解到沃兹在设计上的精妙之处,而且看到的只是一块焊有微处理器等芯片、裸露在外的电路板而已。因此,也很难强求大家有什么积极的反应。

但乔布斯没有放弃。

有一个人对这场效果平平的演示作出了反应,那就是经营字节商店的计算机经销商保罗·特雷尔。他很有兴致地看完乔布斯的演示,临走前说了一句"再联系"。

这一句"再联系"让乔布斯马上行动起来。

第二天,乔布斯冷不丁地出现在字节商店

里。他仍然赤着脚。

"他说要买50部。"乔布斯回忆说,"我当时喜出望外,这时他又补充道,不过我要成品。"

特雷尔之前会买来阿尔泰计算机的配件套装,在店里自己焊上芯片之后再卖给顾客。这种销售方法非常走俏,基本上是刚刚组装好就能马上卖掉。特雷尔的亲身经历证明了人们对于成品计算机的需求量之大。

特雷尔愿意以高出阿尔泰计算机成品的价格收购沃兹的个人计算机,也许他也认识到了沃兹的计算机要更胜一筹。

沃兹的计算机确实值这个价。正如沃兹所说的那样,为了让阿尔泰计算机具有实用性的功能,还必须花上好几百美元追加必要的芯片和零部件;但沃兹的计算机只要接到家里的电视上就能显示文字,还能进行函数运算和统计处理。当然,前提是必须掌握有关编程语言的知识。如果把游戏程序移植到计算机上,还可以玩游戏。

当时乔布斯也一定是把诸如此类的理由充满热情又条理清晰地讲述给特雷尔听,从而最终促成了这笔交易。乔布斯总有一种能让听他讲话的人陶醉其中的魅力。当然,归根结底还是因为沃兹设计的计算机真的很出色,乔布斯比任何人都更了解沃兹的才能。

乔布斯和沃兹后来都回忆说,当时的情形让他们永生难忘。

但为了实现这笔交易,还需要超乎他们想象的一大笔资金。

赤脚推销员

仅仅是采购所需的微处理器和芯片,就需

要大约 1.5 万美元。对于为凑足 1000 美元就已经捉襟见肘的两人来说，这笔钱多得无法想象。但乔布斯恰恰总能在这种谁都觉得不可能的情况下发挥出惊人的才干。

"当时我也被这个数目吓住了。但我又想，那我就豁出去吧！"

乔布斯先与特雷尔交涉，让特雷尔答应用现金支付购买计算机的钱。然后他又到处联系可能会对他们的生意感兴趣的朋友，准备向他们借钱。

乔布斯还不停地给销售电子零部件的公司打电话。

"我当时简直着了魔，自己都不知道自己在干什么。"

在被几家公司断然拒绝后，克拉默电子公司的经理表示愿意听一听乔布斯的要求。乔布斯首先跟他说，提货的钱一时还拿不出来，所以希望能够推迟付款时间。来自保罗·特雷尔的 50 部计算机的订单能确保他们有能力支付这笔钱。

"我说的到底是真是假,你直接给特雷尔打电话问一下就知道了。"乔布斯说道。克拉默电子公司的经理看上去态度很消极,他大概说了一些"我们会打电话去核实,等核实好了再跟你们细谈"之类的话。

"你能不能马上就打个电话?你不打电话我就不走。"

乔布斯坚持说道。

正在开会的特雷尔就这样被叫出会议室接听电话(那时当然还没有手机)。对方问道:"有一个光着脚的年轻人跑到我们这里,说从贵公司那里接了 2.5 万美元的订单?"

虽然没有哪本书提到这个细节,但我觉得当时特雷尔一定忍不住笑出声来。这时的乔布斯竟然还保持着一副嬉皮士的打扮。

不管去哪里，乔布斯都穿着膝盖上破着大洞的牛仔裤，脚上最多穿一双勃肯凉鞋，要不然就是光着脚。他声称自己是素食主义者，因此不需要洗澡，身上散发着一股怪怪的味道。

"对，他说得没错。"

特雷尔很和善地作出了保证。

经理这才相信乔布斯所说的话，答应让乔布斯先提货后付款，甚至还满足了乔布斯的打折要求。

电路板和芯片准备就绪，接下来的问题就是组装计算机的工厂了。乔布斯遵循了硅谷创业公司的传统。在那里，很多伟大的企业都是在自家车库里诞生的。

乔布斯的父亲成了那个给他们打理车库的人。

车库里的工厂

保罗为他们腾空车库,搬来新的工作台,准备好用来保管零部件的抽屉,还在抽屉上贴好标签。他有时还负责调节工作人员之间的纠纷(大多数时候都是乔布斯在大发脾气)。他成了这家苹果计算机公司组装工厂的管理者。曾跟乔布斯一起去印度旅行的里德大学同窗丹尼尔·科特基被从纽约老家叫来帮忙。科特基缺乏电子学方面的知识,却被叫来从事这家工厂里最主要的一项工作——在电路板上装配芯片等零部件。乔布斯上里德学院时的女友伊丽莎白·霍姆斯以及乔布斯的妹妹帕蒂(乔布斯的父母在领养他之后又领养了一个孩子)也来帮忙。大约半年后,之前在惠普上班的比尔·费尔南德斯(也就是那位介绍乔布斯和沃兹认识的儿时玩伴)也加入进来。

沃兹负责把完工的电路板接在从乔布斯家客厅搬来的电视机上进行实际测试，这是一道非常重要的工序。大家对电子元件还很陌生，经常会在焊接环节出现问题，有时还会把价格不菲的芯片弄坏。

每当这时，乔布斯就会大发脾气。他在这种时候说的话总是尖刻而不留情面。如同被写入微处理器的程序，他的神经回路写满了无数可以把一个人从心底里彻底伤害的恶毒话语。

乔布斯身边的人对他都非常了解，所以能够跟乔布斯毫不客气地争论，或者耸耸肩不把它当回事。但当苹果计算机公司迅猛发展后，乔布斯的权力也与日俱增，他的这个缺点也开始成为危险的火种。

但这是后话。

苹果计算机公司从这个时候开始了惊人的发展，并且是在极短的时间内。

Apple I

当经过沃兹测试的成品积攒到差不多有一打那么多的时候,乔布斯就负责把它们装箱送到字节商店。

在第一次交货的时候,发生了一些问题。

所谓的"成品",不过是一块裸露在外的电路板而已。既没有机箱,也没有键盘,甚至连变压器都没有。

特雷尔给出 500 美元的报价所期待的是买家拆开包装箱、接在电视上马上就可以使用的真正意义上的成品计算机,但沃兹和乔布斯的标准是只要在电路板上装好所需芯片就算是成品了。面向计算机爱好者的产品当时也确实就是以这种形式销售的。

也就是说,买家和卖家在认知上出现了偏差。一般在这种情况下是买家说了算,这一次却不一样。乔布斯又说服了特雷尔，拿到了事先约定的金额。为了让顾客拆箱就能马上使用计算机，字节商店负责为沃兹的"计算机"配上变压器、键盘和机箱。特雷尔于是找来便于加工的木头盒子作为机箱。

装在木头盒子里的计算机……如果放在今天，这也许反而会让人觉得与众不同。且不论计算机的性能，单就外观给人的印象而言，这确实很像是一个美国西海岸的嬉皮士才会搞出来的稀罕玩意儿。见过它的人也许留下了各种各样的印象，但如果要说那是小孩子的暑假手工作业，大概也不会有谁觉得奇怪。

他们把这款可能是世界上最早的个人计算机命名为 Apple I。之所以有那个"I"，是因为沃兹已经开始酝酿能够支持彩色电视机的下一代机型 Apple II。得益于乔布斯用低价购入的零部件，他们用原本计划生产 50 部 Apple I 的资金组装出了 100 部。

乔布斯把 50 部计算机如数交给字节商店，用拿到的钱付清了购买零部件的欠款。这时他们手头还有 50 部 Apple I，也就是说，他们的利润就是那 50 部计算机。为了让这 50 部计算机变成钱，他们翻遍了全美国的计算机商店的电话号码并开始挨个打电话。

这次他们将 Apple I 的零售价较给字节商店的批发价上调了 30%，达到 666.66 美元。之所以会精确到美分，是因为沃兹喜欢循环小数。

虽然完全出于偶然，但这个价格在当时也成为一个不大不小的话题。

那一年好莱坞电影《凶兆》一炮走红。出现在这部电影中的"兽名数字"尤其为人津津乐道。在《启示录》第 13 章第 18 节中，有这样的记述：

"在此，要有智慧：让有悟性的人解开兽

的数目吧，因为这是一个人的数字，那数字是666。"

Apple I 虽然看上去像是小孩子的手工作业，却获得了巨大的成功。

第五章

失乐园与复乐园

2010年11月24日,一部当初在1976年7月定价666.66美元、装在木头盒子里的Apple I出现在伦敦佳士得拍卖行。

一位来自意大利的商人最终拍得这部Apple I,成交价是21.36万美元。

没有人知道自己真正想要的是什么

一种产品获得成功的原因不会只有一个。

Apple I 能够畅销,除了沃兹的设计出类拔萃,最大的原因还是市场的需求旺盛。

不是一般意义上的需求，而是谁都还没有发觉的潜在需求。

乔布斯一直认为，人们在亲眼见到自己想要的东西之前，其实并不知道自己真正想要的是什么。当有人问乔布斯是否作市场调查时，他这样答道：

"有人说你应该去做顾客想要的东西，但这不是我的做法。我们要做的是在顾客还没有意识到自己需求的时候把它发掘出来。亨利·福特确实这么说过：如果我去问顾客你们需要什么，他们肯定会说，我们需要更快的马！人们不知道自己真正想要的是什么，直到你把实物摆到他们面前。这就是我为什么不相信市场调查的原因。我们的使命是敏锐地感知到那些还没有被写进历史的东西。"

亨利·福特自然指的是世界上第一个开始批量生产汽车的那个福特。

沃兹在苹果计算机公司成立以后,还继续在惠普工作了一段时间。准确地说,他当初就没有打算从惠普公司辞职。他和乔布斯的公司就好像是业余爱好,他对自己的定位仍然是惠普公司的工程师。

也正因为如此,在跟乔布斯一起开始做计算机生意之前,他跟上司说了自己设计个人计算机的事情。

惠普公司当时已经开始开发桌面计算机,只不过那是面向研究人员和工程师的高档机。沃兹跟负责那个项目的同事说了自己设计的计算机(也就是后来的 Apple I),包括像用电视机做输出装置,成本可以控制在 800 美元之内这样的细节。

沃兹想跟乔布斯商量,能不能由惠普来生产他设计的计算机。

但乔布斯没有采纳他的提议。乔布斯的法

律部门甚至为此发了一份备忘录，宣布苹果计算机公司不会对沃兹的设计要求任何权利。

在经过这番周折之后，沃兹终于可以在业余时间尽情设计苹果计算机公司的产品了。但这件事也说明惠普公司认为沃兹设计的计算机没有市场需求，或者市场需求并不足以让公司赚到钱。

不仅仅是惠普公司，被称为计算机行业巨人的 IBM 以及其他大企业也持同样的态度。

供个人使用的计算机？有谁会想要那样的东西呢？

市场没有这样的需求——这就是自以为对社会了如指掌的大人物们的意见。

如果在资金和技术方面占绝对优势的大企业在那个时候也进入同一领域，很难说乔布斯他们是否会有胜算。毕竟从计算机主机的设计、改进，到计算机周边的开发、CPU 所用的

BASIC 语言解释器的编写，全靠沃兹一个人。而沃兹这个计算机天才竟然做到了这一切！

惠普最早推出的同类产品是在 1978 年，而 IBM 更是到 1981 年才推出个人计算机。

这几年的时间差，对于乔布斯他们来说已经足够了。

就好像一棵大树的倒掉，让密林深处出现了一块可以仰望蓝天、沐浴阳光的空间，在这几年时间里，"苹果"这棵稚嫩的树苗得以急剧成长。

亿万富翁

Apple I 问世第二年的 1977 年 4 月，苹果计算机公司发布了新产品 Apple II。Apple II 是沃兹全新设计的得意之作。

Apple Ⅱ 具有高分辨率的彩色画面，可以发出声音，连接游戏手柄。Apple Ⅱ 内置 BASIC 语言解释器，使得它成为第一部可以开机即用的个人计算机。当时的其他计算机在开机后需要读入计算机语言才能使用，而这个过程需要花上大约半小时。

  Apple Ⅱ 的另一个重要特征是它不再使用木制机箱，而是配上了全新设计的专用塑料机箱。

从那时起，乔布斯的完美主义开始逐渐走向极致。

在机箱的颜色初步定为米色后，乔布斯一直对具体的配色不太满意。生产机箱的厂家向他展示了 2000 种有着细微差别的米色，他却宣称没有一种是他想要的。在把机箱的边角修改成圆角时,为了让乔布斯最终满意,仅仅是调整边角的圆滑程度就花了好几天时间。

追求完美最终成为让苹果计算机公司的产品不同于其他产品的一个信条,并一直被延续到了今天。但对于负责具体落实的工程师和工作人员来说,这会成为一种巨大的压力。而乔布斯在指责别人的时候又是那么不留情面。

乔布斯和沃兹在想法上的一些不一致也在这时开始趋向表面化。

沃兹想给 Apple II 配上很多扩展槽,这样顾客就能根据自己的喜好添加外设和芯片,更加自由地使用自己的计算机。

但乔布斯觉得这会影响 Apple II 的美观。就算照沃兹说的那样配上八个扩展槽,能够把它们全部用上的大概也只有像沃兹那样的极客。而为了满足这 1% 的用户,就不得不为剩下 99% 的用户根本用不到的插槽会不会积满灰尘而担心。乔布斯的意见是，只需要两个扩展槽就够了：一个接打印机，一个接调制解调器。

"你要是那么想照你说的来，那就自己去做一部计算机来好了。"

沃兹的这句话结束了这场争吵。Apple Ⅱ 于是有了八个扩展槽。

Apple Ⅱ 无疑是两个史蒂夫合作下的最杰出的作品。

Apple Ⅱ 后来派生出各种改进机型，累计销量达到了惊人的将近 600 万部。

其结果不仅使苹果计算机公司获得了巨大发展，几十家经营苹果计算机周边设备和软件的公司也像雨后春笋般涌现了出来，其他厂商也开始瞄准个人计算机市场。Apple Ⅱ 的影响波及了整个世界。

苹果计算机公司的股票挂牌是在乔布斯和沃兹成立有限公司 4 年后的 1980 年 12 月，当时的市值是 19.7 亿美元。据说，这次首次公开募股造就了大约 300 名百万富翁。

有谁能想到，在 4 年多前靠卖掉计算器和破旧汽车起家的公司，会在这么短的时间内获得如此巨大的发展。

他们不仅缔造了一家企业，还让一个新的产业就此诞生。

他们不仅拥有了巨额财富，更成为硅谷首屈一指的名人。

电视、报纸等媒体都赞誉乔布斯是世间少有的杰出企业家，而事实也正是如此。他为人们所描绘的正是一个现代的传奇故事。

刚刚 25 岁的乔布斯作为公司的创始人之一，所持有股票的价值超过 2.5 亿美元。

作为穿着破牛仔裤的年轻人收获成功的故事，也许在这里就画上句号是最合适不过了。

就像童话故事的结尾那样：从此两个人幸

福地生活下去……

但事实上,乔布斯的人生才刚刚开始。

欢迎你,IBM

1981 年,IBM 终于推出了自己的个人计算机 IBM PC。

在与 ENIAC 一脉相承的大型机领域,IBM 一直占据主导地位。因此,这意味着这家大公司终于开始承认乔布斯等人所开创事业的巨大意义。

当时,苹果计算机公司在报纸上刊登了这样一则广告:

"欢迎你,IBM,说真心地。"

人们把这则广告看成一种挑衅。它当然含有这层意思,但"说真心地"这样的字眼也能让人感到那是在真心欢迎 IBM 来一起推进个人计算机的发展。

我们开创了这个产业,并让它获得像现在这样的规模。欢迎你,IBM,从今往后就让我们在竞争中让这个产业更加发展壮大吧——这就是乔布斯在这则广告中所寄托的期望。

乔布斯的雄心壮志可见一斑。

IBM PC 中的 PC 正是个人计算机 Personal Computer 的缩写。"个人计算机"这个名词从此广为人知。在那之前,苹果计算机公司把 Apple Ⅱ 称作"家用计算机""迷你计算机"或"微型计算机"。

据说,知道美国西海岸存在这样一家名字古怪的计算机公司的美国人在 1981 年初只占美国总人口的 10%。但在那条发起挑战的广告刊登之后,苹果计算机公司敢于向 IBM 那样的大企业发起挑战的形象使得人们对它的认知迅速得到提升。到了 1981 年底，已经有 80% 的美国人知道了这家公司。让苹果计算机公司这个名字闻名全美的，也许正是 IBM。

行业巨人加入个人计算机市场的影响果然巨大。

计算机日趋小型化，个人计算机的生产规模不断扩大，任何人都能享受计算机所带来的便利的时代即将到来——IBM 的加入明确了这一时代走向。

计算机曾经是乔布斯在儿时邂逅的魔法般的机器，是躲在政府和大企业幕后、会思考的机器，是很少有人能亲眼得见的神秘黑箱。但现在，就像普罗米修斯从诸神手中盗得火种，一个未来的图景已经隐约浮现在乔布斯眼前。

然而，要让这个未来变成现实，还有很长的路要走。

乔布斯经常将计算机与自行车类比。

"自行车的发明使得人类的移动效率超过美洲鹫,而计算机的发明使得人类精神活动的效率提高了好几倍。"

1981年春,乔布斯开始着手开发苹果公司仅次于 Apple Ⅱ 的著名机型麦金塔(Macintosh,简称 Mac)。当时他曾想把"自行车"拿来当作麦金塔的开发代号。

开发团队的其他成员并不喜欢这个名字,结果还是采用了麦金塔这个开发代号,但这件事充分体现了乔布斯的上述思想。

他曾预测计算机将成为提升人类能力、促进社会变革的工具。

与其说是预测,不如说他是通过提供那样的工具来促进社会变革的。

也正因为如此,他才向 IBM 发出了那样的呼吁。

儿时的乔布斯崇拜爱因斯坦、甘地,因为

他们给世界带来了巨大的影响。乔布斯曾梦想成为他们那样的人物。现在,他终于获得了实现这个梦想的途径。

流放

"不是为了赚钱,而是为了做出最棒的东西。尽自己所能,让它们成为历史的一部分,成为人的意识的一部分。"

乔布斯说,自己在年轻的时候就领悟到,只有这对自己来说才是最重要的。

在这个意义上,可以说乔布斯取得了巨大的成功。但当时他们的计算机还未能达到这个标准。

只有当个人计算机并不仅仅属于计算机爱好者和专业人士,而是像电视、冰箱之类的家用电器那样，成为所有普通人都能使用的工具时，乔布斯的梦想才算真正实现。

为了让那个时刻尽早到来，还有很多必须要做的事情。

而这也是乔布斯所期待的。乔布斯为达到目的而不顾方式方法的性格开始越发显露：他丝毫不介意自己的行动会伤害到周围的人，会让人失落或惹人发怒。就算他并不是真的完全不放在心里，但至少他摆出了这样一副姿态。

他开始刻意疏远以往的同伴。比如丹尼尔·科特基，他是乔布斯上大学以来的旧知，同时也是苹果计算机公司最早的成员之一。据说，乔布斯曾无视旧友的恳求，拒绝分给科特基哪怕一丁点儿公司的股份，以致连沃兹都觉得于心不忍，把自己的一部分股份分给了科特基。

连沃兹也跟乔布斯逐渐疏远起来。与乔布

斯一样同为大股东的沃兹一直是 Apple II 部门的一名资深工程师。虽然沃兹自己也希望做一名一生都待在开发第一线的工程师，但其他人大多觉得这样的冷遇未免有些过分。

而且沃兹所在的 Apple II 部门虽然在很长一段时间里一直是苹果计算机公司最大的盈利部门，但不管是人员配置还是预算都比乔布斯极其看重的麦金塔部门要差上一大截。这让为人极其温和的沃兹都忍不住给当时的公司 CEO 约翰·斯卡利打电话，以非常激烈的言辞发泄不满。

就好像摇滚乐队的主唱和吉他手闹了矛盾一样，这样的事情总免不了会被添油加醋。乔布斯和沃兹的关系究竟如何，只有他们两人清楚。

1985 年 2 月，沃兹在没有跟乔布斯商量的情况下，辞去了他在苹果计算机公司的职务。

作为公司的联合创始人,他虽然保留了公司员工的身份,但实质上已经离开了公司。

乔布斯自己也在3个月后离开了苹果计算机公司。他是自己提出的辞呈,但事实上是被赶出了公司。

乔布斯被赶出自己创立的苹果计算机公司的经过,在他的好几本传记中,都有根据他本人以及对当时"炒掉"他的公司CEO约翰·斯卡利的采访写成的详细记述。

斯卡利辩解说,他们并没有"炒掉"乔布斯。

董事会作出的决定是,让乔布斯不再掌管麦金塔部门,而不是让他离开公司。

乔布斯是苹果计算机公司的创始人和最大股东,更重要的是,他堪称公司的灵魂人物。斯卡利和董事会都明白失去他会给公司带来多大的损失,谁也没想过要剥夺乔布斯董事长的职位。斯卡利为乔布斯准备了产品构架师这样一个新头衔,虽然它没有任何实权。

即便如此,董事会的决定对乔布斯来说仍然无异于放逐。董事会向乔布斯传递的信息是:史蒂夫,今后你仍会是我们的董事长,但请你不要再插手任何事情了。

乔布斯卖掉了自己拥有的全部公司股份,仅留下一股。他把辞呈寄给斯卡利,正式地离开了苹果计算机公司。

新的产业,新的国际标准

"史蒂夫是公司的创始人。他富有远见,创造出了麦金塔那样的产品。我当时没能领悟到从他那样一个人那里夺走麦金塔究竟意味着什么。"

斯卡利后来这样回顾说。

斯卡利原来是百事公司的部门总裁。乔布斯27岁那年，斯卡利被乔布斯挖到苹果计算机公司，当时该公司已经迅速发展成为一家大企业。乔布斯深感年轻的自己在能力上还不足以胜任CEO这个职位。

斯卡利曾在百事可乐和可口可乐之间爆发的"可乐战争"中开展过一项名为"百事挑战"的推广活动并大获成功。乔布斯想必是觉得，在这个IBM已经进入个人计算机市场并向苹果正面宣战的挑战时期，没有谁比斯卡利更适合做苹果的CEO了。

乔布斯对斯卡利可谓"一见钟情"，为了说服对方上任，他花了5个月的时间。他们互相拜访对方的公司，一起吃饭并进行各方面的交谈。乔布斯向斯卡利推心置腹地表达了自己的公司多么需要他，斯卡利最后却拒绝了乔布斯的邀请。

在乔布斯位于纽约中央公园西边的公寓的阳台上,斯卡利向乔布斯传达了自己的决定。他为在过去 5 个月中能够交到乔布斯这位朋友表示感谢,并保证今后也将作为朋友向乔布斯提供建议,但他自己得出的结论是:百事公司才是自己唯一的归属。

斯卡利后来回忆说,当时乔布斯沉默不语,低头盯着自己的运动鞋。过了一会儿,乔布斯抬起头,直视着斯卡利的眼睛说:

"你是想一辈子卖糖水,还是想和我一起去改变世界?"

斯卡利受到了巨大震撼。他接下来采取的行动,对于一个习惯了高高在上的企业经营者来说实属罕见——他收回了自己刚刚作出的决定。

就这样成为 CEO 的斯卡利在 3 年后把最后通牒递到了乔布斯面前。这其中虽然有各种各样的原因，但最根本的原因还是公司经营状况的恶化。

在 Apple Ⅱ 之后，1980 年问世的 Apple Ⅲ、1983 年推出的高级办公用计算机丽萨（Lisa）都以商业上的巨大失败而告终。由乔布斯精心打造、在一年前上市的麦金塔在销售方面同样乏善可陈。

操作系统是造成这种情况的一个重要原因。

操作系统是对计算机的硬件和软件进行管理的基础程序。苹果计算机公司的个人计算机使用的是公司自行开发的操作系统。这一做法的原因大致可以归结到沃兹身上。从小就对电子学和编程两方面都很精通的沃兹在设计 Apple Ⅰ 和 Apple Ⅱ 时，仅凭一人之力就同时完成了硬件以及驱动硬件的基础软件的开发。当然，在当时的情况下这也是别无选择。同时开发硬件和操作系统成为苹果计算机公司从初创期开始就一直坚持的一项基本方针。乔布斯坚信，如果不这么做，就无法开发出完美的产品。

但后来，IBM 加入到了个人计算机市场。从那时起，苹果计算机公司的这一方针却让它陷入了危机。

IBM PC 的操作系统实际上是完全由比尔·盖茨率领的微软公司开发的 MS-DOS。MS-DOS 还同时被提供给 IBM 之外的计算机厂商。MS-DOS 很易于移植到使用英特尔公司 x86 架构 CPU 的个人计算机上，这使得英特尔的 x86 架构 CPU 和微软的 MS-DOS 成了实质上的国际标准。

这使得全世界的厂商更容易参与到个人计算机市场中，因为即便没有像沃兹那样的天才，它们也能开发个人计算机了。

加入到乔布斯他们所开拓的这一全新产业中来的，不仅仅是 IBM。此后，世界各地的厂商都一起涌入这个由乔布斯他们发现的新天地。

而且差不多所有的个人计算机都是 IBM PC 的兼容机。也就是说，它们都可以运行 IBM PC 的软件，而操作系统也都是 MS-DOS。

身陷重围

前面曾提到，沃兹最初开发出 Apple I 的时候，操作计算机需要具备 BASIC 等编程语言方面的知识。乔布斯小时候与大型机进行"对话"，其媒介也是编程语言。

用编程语言来对计算机下达指令是早期个人计算机最基本的操作方法。一连串的指令构成了程序。在个人计算机历史早期，程序都是由使用者自己编写并输入计算机的。如果想让计算机做更复杂的事情，程序也就会变得更长。

在乔布斯即将被赶出苹果计算机公司的20世纪80年代中期,日本的计算机杂志上也经常会刊登用BASIC语言编写的长达好几页的程序。

比如,它可能是一个把小球打来打去的类似乒乓球的游戏。用现在的眼光来看,它可能根本就不配被称为游戏。但即便是这么简单的东西,也要熬上好几个通宵,才能全部输进计算机里。

花了好几个晚上的成果,不过是屏幕上来回移动的圆点以及把它反弹回去的细长球拍。敲击键盘来移动球拍,把球挡回去,在球碰到球拍的瞬间,会发出"乒乒乓乓"的声音。这就是这个游戏的全部了。

难以置信的是,当时人们曾为此兴奋不已。毕竟能让电视画面上的东西自由移动、反弹,是人们从来没有过的体验。其实细想起来,真正的乒乓球不知要比这个好玩多少倍。

最初的兴奋感确实也没有持续多长时间。大家开始追求更有趣、更复杂的游戏。在工作方面也是一样。为了能让计算机进行表格计算、文字处理之类的工作，就需要更加复杂的程序。

这时应运而生的是专门编写程序的公司，也就是所谓的软件供应商，而其中最具代表性的就是比尔·盖茨的微软公司。

时至今日，我们已经很难想象使用不带应用软件的计算机会是怎样一种情形（智能手机上的APP同样是一种软件），而这种商业模式正是诞生于20世纪80年代中期。

这对当时的苹果计算机公司来说，却成了一个非常不利的因素。

因为为MS-DOS开发的软件是无法在Apple Ⅱ上运行的。

在IBM PC问世后，众多软件供应商开始为使用MS-DOS的计算机开发软件。虽然它们也会为 Apple II 开发软件，但如果要在两者中取其一的话，更多的公司还是选择了 MS-DOS。

原因很简单。几乎所有的个人计算机都是 IBM PC 的兼容机，操作系统自然也都是 MS-DOS。软件供应商当然更愿意为拥有更多用户的操作系统开发软件。

这意味着，苹果计算机公司要面对的不仅仅是 IBM 这一强劲对手，它要面对的其实是全世界的计算机生产厂商。对方阵营的急先锋并非 IBM，而是比尔·盖茨和他的微软公司，虽然这一点在当时还并不明朗。

曾经疯狂热销的 Apple II 一直占据的稳固地位，就这样开始被逐渐瓦解。

即便如此，当时的乔布斯也并不认为事态有多严重。

因为他的手里还有一张王牌。

麦金塔的陨落

乔布斯的秘密武器名为 GUI，也就是图形用户界面。

用户界面指的是连接计算机和使用者的媒介。图形用户界面是指通过图形窗口以及鼠标等定位设备，让使用者对计算机进行直观操作的技术。

举一个最简单的例子：我们现在用到的所有个人计算机、智能手机及平板计算机，全都在使用某种形式的图形用户界面。

在打开个人计算机的时候，出现在显示器上的画面称作"桌面"。顾名思义，那就好像是一张桌子的表面。跟现实中的桌子一样，上面放着装文件的文件夹以及装垃圾的垃圾桶等。用鼠标操作的光标则起到手或手指的作用：有时把文件打开，有时把文件拿起来换一个地方；

它还可以变成笔，用来写字画画。

我们今天能够不再为计算机的操作方法而不知所措，只需凭借与现实世界类似的感觉就能对计算机进行操作，在很大程度上都得益于图形用户界面。

1984年之前的个人计算机，无论是IBM PC还是Apple II，差不多都是用键盘输入文字来进行操作的。输入的文字被称为"指令"。哪怕只是打开一个文件，也需要把"打开某某文件"这样的指令用键盘输入计算机。

一旦习惯了指令操作，它其实比现在读者想象的要方便易用得多。问题在于，如果不首先知道指令，就不可能对计算机进行操作。因此，当时如果想使用计算机，就需要一定的学习和经验。

大家应该在以前的电影中看到过在黑色屏幕上仅仅显示一行行绿色文字的计算机，那就是当时的个人计算机。

1979 年 12 月，乔布斯到施乐公司的帕洛阿尔托研究中心（PARC）参观。在那里，他和图形用户界面不期而遇。虽然那时的图形用户界面还处于开发阶段，显得相当简陋，但当乔布斯看到使用图形用户界面的实验机时，马上意识到那正是今后的个人计算机应该具有的用户界面。

借助图形用户界面，个人计算机将成为像电视机、收音机一样每个人都能自如使用的工具。

如果像家用电器那样，计算机也能进入一家一部、人手一部的时代，世界一定会因此而发生变革。就好像自行车使人的活动半径得到飞跃式扩展那样，个人计算机也能让人的精神活动得到大幅度扩展。

世界将因此发生改变。

乔布斯在纽约公寓的阳台上说服斯卡利是在 3 年半之后，但那一句"和我一起去改变世界"是有其根据的。

也正因为如此，就在 IBM PC 以惊人的势头获得市场份额、世界范围内的计算机厂商都在争先恐后地生产 IBM PC 兼容机的情况下，乔布斯仍然能够保持镇定自若。

1984 年 1 月 24 日发布的麦金塔正是那款将改变世界的计算机。至少，乔布斯对此深信不疑。

发布会开得非常成功。麦金塔用内置的语音程序作了自我介绍，向观众展现了在当时难以想象的精美图像，淋漓尽致地演示了图形用户界面相较于以往的命令行界面是多么优雅。乔布斯被持续了好几分钟的热烈掌声所包围。

"我们要让宇宙为之震撼！"

这是在麦金塔的开发过程中乔布斯经常用

来激励团队成员的一句话。不仅仅是采用了图形用户界面的操作系统，这款个人计算机的所有细节都经过了乔布斯的审视。

他甚至要求计算机内部的走线也要尽可能显得优美。当有人指出顾客根本就不会看到这些地方的时候，乔布斯这样反驳道：

"我希望一切都能尽量漂亮一些，哪怕那是被装在机箱里的。好的木匠不会因为你看不到柜子的背面，就用劣质木板去敷衍了事。"

乔布斯对麦金塔充满了自信。

果然订单蜂拥而至。在发布会之后的3个月里就卖出了7万多部。

当时的乔布斯对此已经深信不疑，麦金塔第一年的销售目标是40万部。

但在夏季过后，麦金塔的销量开始急剧下滑。

那7万部的销量不过是人们出于对新产品

的期待。人们在拿到麦金塔之后作出的评价却异常糟糕。

"麦金塔很有趣，但只不过是个玩具。"

这就是市场给出的评价。计算机商店的店员甚至会向前来购买麦金塔的顾客推荐IBM PC，因为他们觉得如果把那样的货色卖给顾客，简直就是在自砸招牌。

失策

麦金塔的后续机型一直延续到了现在。如果你在街边咖啡店里看到带着苹果标志的银色笔记本计算机，那便是当时乔布斯精心打造的麦金塔很多代之后的"子孙"。

在图形用户界面成为操作系统的标配之后，个人计算机世界发生了翻天覆地的变化。乔布斯费尽心血开发的麦金塔成为这一潮流的先驱，是当之无愧的一代名机。

但第一代麦金塔出现了几个致命问题。

第一个是软件方面的问题。

当时可供麦金塔使用的软件少之又少。

特别是在麦金塔刚刚发布的时候，只有苹果计算机公司自己开发的 MacWrite、MacPaint 和微软开发的 Microsoft Word 这三款软件。当时能够在图形用户界面环境下开发软件的供应商仅有微软公司一家，而且微软起初也只有一款文字处理软件。要是麦金塔在最初 3 个月的势头能够一直保持下去，其他软件供应商一定也会陆续为这款给世界带来冲击的计算机开发软件。但这终究未能变成现实。相较之下，IBM PC 已经有了数百种软件可供使用。

第二个更加致命的问题是内存不够。

第一代麦金塔的内存是 128 KB。虽然跟现在的个人计算机以 GB 计（1 GB=1 048 576 KB=1 073 741 824 B）的内存不可同日而语，但在那个时代并不逊色于其他个人计算机。

不过，想要带动图形用户界面，128 KB 的容量就显得有些捉襟见肘了。

麦金塔成了一款无论干什么都非常慢的个人计算机。不仅仅是慢，偶尔还会死机。每当这时，显示器上就会出现一条带炸弹图案的系统提示。这在很长一段时间里都是麦金塔用户的一个梦魇，因为它的出现意味着之前的工作全都白费了。

即便如此，仍然涌现出了一批对乔布斯呕心沥血打造的这款个人计算机深爱不已（包括那些缺点在内）的狂热爱好者，但整个社会对麦金塔的评价却是"昂贵的玩具"。在那一年 4 月，苹果计算机公司又推出了把内存扩充 4 倍的新型麦金塔，并提供了更多可供用户使用的应用程序，但人们对麦金塔的看法并没有因此改变。

麦金塔的销量不断下滑，库存与日俱增。

如果仅仅是出于这个原因，事态应该也不会恶化到乔布斯被赶出公司。

最后一个问题出在乔布斯身上。

众叛亲离

乔布斯在任何情况下都没有改变过自己的信念。

当现实与他的想法不一致时，他会想到改变现实，而不是改变自己的想法。

麦金塔的根本设计思想并没有错，图形用户界面毫无疑问将成为计算机的标准配置。

苹果计算机公司的利润大多数都来自

AppleⅡ，乔布斯却一直试图让人员和预算不断集中到麦金塔上。当时麦金塔部门的人员数量已经达到上千人，这成了为人谦厚的沃兹离开公司的直接原因。

仿佛是为了追随沃兹，一些优秀的人才也陆续离开了公司，苹果计算机公司内部开始充满隔阂。而越是这样，乔布斯的弱点就越暴露无遗。

乔布斯最大的强项就是达成目标的魄力，达成目标对他来说就是一切。因此，他从不考虑方式方法，也不考虑怎样求得"人和"。

他大声训斥自己的团队，用让人无法忍受、近乎残酷的言辞去攻击对方，而他至少在表面上表现得对伤害别人毫不在意。

他这样做的结果就是，如果他能够创造出有价值的东西，获得巨大的成功，也许还会有人愿意聚集在他的身边。

有人把乔布斯比成一团火：离得太近就会被烧焦，却又让人忍不住想接近；久而久之，他会使人变得宁愿待在火焰的旁边接受炙热的煎熬。

他无疑有着超凡的个人魅力。

但当结果乏善可陈的时候，也就是在当时的情况下，他那强烈的领导才能开始陷入空转，不仅让组织产生混乱，也让他的周围充满愤怒。这就是1985年5月乔布斯被踢出局时苹果计算机公司的情况。

但即便这样，乔布斯仍然没有放弃抵抗，因为他知道，失去苹果计算机公司就等于失去一切。当董事会劝他辞去麦金塔部门负责人的职务时，乔布斯开始进行反击。他在高层员工大会上异常激动地诉说斯卡利的无能，提出要罢免他。

斯卡利让与会者当场投票，选择让谁留

下，结果没有一个人把票投给乔布斯。所有人都一面表达对乔布斯的好感，一面表示支持由斯卡利来管理公司，连迈克·马库拉也没有站在乔布斯这边。马库拉在乔布斯和沃兹合伙创业后不久投资他们，并一直像慈父一样帮助乔布斯，因而被视为苹果计算机公司的第三位创始人。

无比坦率

为了乔布斯的名誉，我需要补充的是，他也许是一位暴君，但绝不是一位压迫者。

虽然他对任何人都恶言相加，但对于在这种时候敢跟他针锋相对的人，他又格外宽容。他经常会跟那些用同样不堪入耳的言语与他对骂的人成为朋友。

麦金塔团队的成员半开玩笑地设立了"勇战老板奖",并真的会每年进行一次颁奖。乔布斯好像很喜欢这个奖,他后来回忆说:

"我们互相之间坦率得近乎残忍。不管是谁,都可以对我说你从头到脚都是狗屎,而我也能用同样的话骂回去。我们之间还有过很多火爆的讨论。在我的一生中,像那样美妙的瞬间还真不多。你会变得无比坦率,这就是为了加入到我们中间来需要买的门票。"

乔布斯年纪轻轻就成了富有得令人炫目的大富豪,还拥有了大得吓人的权力。毕竟在现代社会,亿万身家本身就是一种巨大的权力,这种权力使很多人对他充满了畏惧。

在关于他的很多书中,有一些把他描写得仿佛是恶魔转世,我觉得其中有一半是出于这个原因。他们惧怕的不是乔布斯这个人,而是在他背后熠熠生辉的巨大财富。俗话说,"低头的是稻穗，昂头的是稗子"，人们总会要求拥有权力者表现出恭谦的美德。

但无论是变成亿万富翁，还是坐上权力宝座，乔布斯都没有改变自己。

从他还只有一辆破破烂烂的大众汽车时起，他就没有改变过。

他从很小的时候就是一个心直口快的少年，他是一个会在半夜去摁师父家的门铃、告诉师父自己开悟了的青年，他不过是一直在做自己而已。

因为这才是乔布斯改变现实、改变世界的方法。

1985 年的乔布斯被放逐事件，只不过说明苹果计算机公司的"内存"不足以容纳这样一个乔布斯，就好像第一代麦金塔的 128 KB 内存不足以带动使用图形用户界面的操作系统一样。

在斯卡利把乔布斯赶出苹果计算机公司之

前的某一天，他来到乔布斯窄小的办公室，看到一个被天鹅绒盖起来的不可思议的东西。

"这就是未来。"

乔布斯说着，把那个东西亮给斯卡利看。那是一个带着小小屏幕的电话，乔布斯当时把它称作"Mac Phone"。

接着他又说：

"未来的电话将是这个样子的。有一天，我们将做出这样的东西。"

乔布斯的 Mac Phone 并不像今天的 iPhone 那样小巧得可以轻松拿在手里，那不过是乔布斯让工业设计师做的一个木制模型。但在那个个人计算机的显示器还是显像管而非液晶、笔记本计算机还无影无踪的时代，乔布斯已经开始描绘这样的梦想了。

那个模型并没有小到足以握在手里，或许那根本就是后来的 iPad 也说不定。

只能说以 20 世纪 80 年代的技术水平，要想实现乔布斯所描绘的梦想，还需要假以时日。

回归苹果

2005 年 6 月 12 日，乔布斯受邀出席斯坦福大学的毕业典礼，向即将毕业的学生致辞。在这段 15 分钟的演讲中，他非常简要地回顾了自己的人生，给学生们留下了许多感人至深的话语。

在回忆完被赶出苹果计算机公司的经历后，他这样说道：

"在两三个月的时间里，我不知道该做什么好。我觉得自己让上一辈的创业者们失望了，因为我扔下了他们交给我的接力棒。我跟戴维·帕卡德和鲍勃·诺伊斯见了面，向他们道歉说我没能延续他们的奋斗。我的失败已经尽人皆知,这让我甚至想从硅谷远走高飞。但就好像黎明慢慢到来一样,我觉得自己又能看清一些了,我仍然热爱着一直为之奋斗的事业。在苹果计算机公司发生的事情,并没有让我的热爱为之改变。虽然我被拒绝了,但我的爱恋依旧,所以我要重来一次。"

在离开苹果计算机公司后的5年里,乔布斯创立了一家名为NeXT的计算机公司,并成为皮克斯这家动画制作公司的CEO。皮克斯推出了世界上第一部完全由计算机动画构成的长篇动画电影《玩具总动员》,之后又接连推出《怪兽电力公司》《海底总动员》等大获成功的作品,从而确立了计算机动画电影这一全新的电影类型,皮克斯也成为世界上最成功的动画工作室之一。

在乔布斯离开苹果计算机公司11年后,发

生了一件更加让人吃惊的事情。

确切地说,当那则消息传遍世界的每个角落时,人们虽然不免惊诧,但同时也有很多人觉得自己仿佛从一开始就知道它将发生——乔布斯回到了苹果计算机公司。

乔布斯回归的直接原因是,苹果急需开发新一代的操作系统,需要借助 NeXT 所拥有的技术研发能力。苹果计算机公司为此收购了 NeXT,而 NeXT 的 CEO 乔布斯自然也就回来了——这是官方当时对外界所作的说明。在商业世界中,被收购方的企业经营者参与到收购方经营管理的事例并不罕见,但这并不是乔布斯回到苹果的真正原因。

当初赶走乔布斯的约翰·斯卡利说得非常直截了当:

"我们之所以把乔布斯请回来,是因为除了他之外,没有人能够拯救当时的苹果。"

在乔布斯离开的 11 年里，苹果计算机公司的经营状况每况愈下，已经到了无计可施的状态。

之所以会这样，乔布斯认为原因很简单，那就是苹果计算机公司在 11 年内没有开发出任何有魅力的产品。

比尔·盖茨的微软公司推出的 Windows 95，为全世界的个人计算机提供了与麦金塔"类似"的图形用户界面，这使得微软进一步席卷了全球的个人计算机市场。虽然这是事实，乔布斯却对此不以为然。在他看来，"Windows 仅仅是 Mac OS 蹩脚的仿制品"，要是苹果计算机公司一直都在坚持创新，根本不会输给微软。

当时的个人计算机行业一片景气，苹果计算机公司的股价却在不断下跌，1996 年的赤字更是达到 10 亿美元。斯卡利很明确地表示，苹果已经走到了崩溃的边缘。

乔布斯像救世主一样被请回了苹果计算机公司。

有人说,乔布斯在这 11 年里变了很多。确实,在两家企业担任 CEO 的乔布斯的确积累了不少经验。

在 1997 年 1 月举办的 Macworld 展会上,他又一次作为苹果计算机公司的一员,在时隔多年之后重新出现在公众面前。

乔布斯在时任 CEO 吉尔·阿梅里奥的主题演讲后出现在人们面前,迎接他的是经久不息的掌声和喝彩声。

等待会场安静下来之后,乔布斯开始讲话。他显得似乎有些紧张,但也只是在最初的几秒钟。

阿梅里奥在介绍乔布斯登台时,照例开了一个玩笑:

"史蒂夫,这 11 年你跑哪里去了?"

乔布斯没有理睬他的这句玩笑话，直接进入正题。他一边切换幻灯片，一边简明扼要地分析公司中存在的问题以及改变的方法。

这时乔布斯的职位还只是苹果计算机公司的非正式顾问，之后董事会以业绩欠佳为由让阿梅里奥辞职，并希望由乔布斯来接替，但乔布斯没有轻易接受。

乔布斯的理由是，自己是皮克斯的CEO，难以身兼二职。

直到1997年9月，乔布斯才接受了没有薪酬的临时CEO职位。对他来说，职位根本无足轻重。

只有两行的邮件

他是天生的领袖。

11 年前，他的这一资质没有得到充分发挥，但这一次不一样了。

他的做法并没有改变，发生变化的是周围的环境。

无论职位是非正式顾问还是临时 CEO，从回归的那一天起，乔布斯就在为苹果计算机公司的复兴而积极行动。

乔布斯最先着手的是对董事会进行更替，他要求曾毫无保留地欢迎他回归的董事会成员，除一个人外，全体辞职。

乔布斯这么做的理由是，董事会对他提出的遏制人才流失的方案迟迟不作出判断。"公司已经烂成一摊泥，我可没有时间去给董事会当保姆。"乔布斯如是说。

而这时乔布斯的职位还是非正式的顾问。

面对哑口无言的董事们，乔布斯要挟他们的方法还是跟年少时一般无二。

"如果你们不辞职,我就辞职。从下周一开始,我就不来了。"

在对董事会进行更替后,乔布斯又以雷霆之势进行了一系列改革,把他认为无足轻重的部门统统砍掉,与零部件供应商重新签订合同,选择新的广告公司。乔布斯对包括物流和工厂生产线在内的、与苹果计算机公司业务有关的一切都进行了改革。他还作出一个重要决定,让世间为之震动。他跟长久以来的老对手兼老朋友比尔·盖茨展开合作,从微软公司获得了巨额资金。

这一切,都是他在经过深思熟虑之后作出的决策。

在乔布斯回到苹果计算机公司之前,也就是被盖上了"硅谷失败者"烙印的那个时期,他曾在一次采访中说过下面这段话,以回应"你是如何学习经营公司的"这样一个多少有些恶意的提问。乔布斯在上了半年大学后就退学并在 21 岁那年开了公司，因此他并没有时间去学习如何经营和管理公司，所以才会被赶出苹果计算机公司——这就是提问者的潜台词。

"在进入商界后，我注意到，每当我问'你为什么这么做'时，回答总是'因为大家都这么做'。在这个圈子里，谁都不去进行深刻思考，都被常规束缚住了。因此，只要多提问，多思考，努力工作，经营管理很快就能学会，那并不是什么世界上最难的学问。"

在苹果计算机公司担任过副总裁的福田尚久曾讲述过自己的一段经历。那是在乔布斯回归苹果没多久时，福田当时在苹果计算机公司日本分公司负责业务拓展工作。

有一天，从乔布斯那里发来了一封非常简短的邮件（他的邮件好像总是只有两行字），邮件的内容是要求停用仓库。位于千叶县的仓库当时被用来存放从新加坡工厂运来的产品，之后货品再从那里送到日本各地。邮件明确要求不再使用仓库，但并没有进一步的说明，这让福田困惑无比。他把这个问题翻来覆去地想了整整一个星期，然后脑海里浮现了一个疑问：

"我们究竟为什么需要仓库？"

福田得出的结论是，"因为我们在通过海运运输商品"。

于是他让零售店报告每天的销售统计并发往新加坡的工厂，再在当天晚上用空运发货，这样到第二天傍晚就能补货到零售店。通过构建这样一个系统，真的不再需要仓库了。

乔布斯把同样的邮件也发给了遍布全球各地的分公司。

仅仅通过这封只有两行字的邮件，乔布斯就让全世界的苹果分公司都远离了仓库。后来福田在碰到乔布斯的时候，曾问他为什么对物流如此熟悉。乔布斯这样回答道：

"苹果计算机公司刚成立的时候，既没有自己的零售店，也不存在分销渠道，所以我就自己把那一整套东西做了出来，我可比谁都更熟悉销售和物流。"

现实为了改变而存在

乔布斯就这样让苹果计算机公司不断改变。确切地说，改变的是公司里的人及从他们手中诞生的产品。

他还是一如既往地口无遮拦，朝令夕改的情况也屡见不鲜。

他时而无视他人的心情，时而使人流下委屈的眼泪，时而又会激起别人的怒火。他自己也会时而哭泣,时而巧舌如簧,偶尔又会对人赞不绝口……而这一次,他才真的做到了把自己描绘的梦想、把足以震撼宇宙的伟大产品,一次又一次地奉献给这个世界。

他真的改变了吗?

没有,这一点应该是毋庸置疑的。他并没有任何的改变,发生变化的是这个世界。

iMac、iPod、iPhone、iPad,还有用来写作本书的MacBook Air笔记本计算机,也都是这样诞生的。

如果让本书就这么结尾,会让人觉得这个故事过于完美了。

现实,总是要更复杂一些。

在1998年iMac即将发布时发生的事情就是这样一个例子。在进行新产品发布会的排练时,乔布斯发现刚刚送到的iMac样机的显示器下方有一个小小的按钮。于是他开始大声喊叫。他发现的那个按钮是光驱的退出键。

乔布斯开始抱怨光驱不能是托盘式光驱（他觉得很难看），只能是直接插入光盘的吸入式光驱。虽然乔布斯是第一次看到样机，但之前在向他汇报使用何种零部件的时候，开发负责人曾给他看过将会用到 iMac 上的光驱，所以乔布斯对此应该是事先了解的。但他并不管那一套。排练被迫中断，新产品发布会眼看就要被乔布斯叫停了。

"如果你们不保证尽快把光驱换成吸入式的，我就拒绝进行新产品发布。"乔布斯蛮横地要求道。开发负责人答应他下一代的 iMac 一定会改为吸入式光驱，才总算让这件事平息了。

在产品开发方面，乔布斯的要求更是吹毛求疵。产品功能和整体设计自不用说，连机箱和玻璃的材质、涂料、喷涂的方法，乔布斯都会不厌其烦地给出极其细致的指示。他拒绝接受一切诸如"那样的材料根本不存在"之类的反驳。

现实就是为了改变才存在的，这就是他的信念。对他来说，所谓的不可能更是进行创新的机会。

iMac、iPod、iPhone、iPad都是基于他的这种信念而诞生的。

他也许是个天才，但创造出计算机那么完美的外观和功能的，却是有血有肉的人所付出的令人瞠目结舌的执着和孜孜以求的努力。

直到生命的最后阶段，乔布斯仍然会去挑毛病，蛮横地说那不是自己想要的。无论事情多么迫在眉睫，他也宁愿精益求精，甚至推倒重来也在所不惜。为了能让产品有哪怕一丁点儿、一毫厘的改进而奋斗不已。

要是他还活着,他必定还在做着同样的事情。

活出自己的人生

2003年10月,医生在乔布斯的胰腺上发现了癌细胞。

他在2004年7月接受了手术。在手术中,医生发现癌细胞已经扩散。此后,他一直接受着让他痛苦不堪的化疗,而他在很长一段时间里一直隐瞒着这一切。

在前面提到的2005年斯坦福大学演讲中,他说虽然自己患上了胰腺癌,但那属于能够通过手术进行治疗的类型,而自己也已经痊愈了。

在经典产品iPhone和iPad发布并让世界为之赞叹的时候,他也一直在和癌症作斗争。

直到 2011 年 8 月 24 日在定期董事会上作完发言,他都一直在履行苹果公司 CEO 的职责——不,一直在孤军奋战。

"以前我常说,当有一天我无法再履行苹果公司 CEO 的职责、无法满足大家对我的期待的时候,我会亲口告诉大家。很遗憾,这一天终于到来了。"

乔布斯还有无数希望付诸实现的创意——传记作家沃尔特·艾萨克森这样写道。

是的,直到生命的最后一刻,他还有无数希望实现的梦想。

因为对他来说,活着,就是为了让梦想成为现实。

"你的生命有限,所以你不能把你的时间耗费在模仿别人的人生上。不要让教条束缚住你,因为那意味着你将按照别人思考得出的结论去生活。不要让他人的意见淹没你内心的声音。

而最重要的是,你要敢于相信你的内心和直觉,因为你的内心和直觉从一开始就知道你真正的理想是什么,除此之外的一切都是次要的。"[1]

---

[1] 摘自史蒂夫·乔布斯于 2005 年 6 月在斯坦福大学毕业典礼上的演讲。

年　表

年份	年龄	大事记
1946 年		（ENIAC 在宾夕法尼亚大学正式投入使用）
1947 年		（晶体管发明）
1950 年		8 月 11 日，史蒂夫·沃兹尼亚克出生于加州圣何塞
1955 年	0 岁	2 月 24 日，史蒂夫·乔布斯出生于加州旧金山
1958 年	3 岁	（集成电路发明）
1964 年	9 岁	（IBM 推出大型机 System/360）
1965 年	10 岁	乔布斯在 NASA 埃姆斯研究中心第一次接触到计算机终端
1968 年	13 岁	乔布斯升学至霍姆斯特德高中
1969 年	14 岁	（因特网的前身阿帕网正式投入运行）
1971 年	16 岁	沃兹尼亚克组装出冰淇淋汽水计算机；乔布斯与沃兹尼亚克成为好友

续表

年份	年龄	大事记
1972 年	17 岁	乔布斯进入位于俄勒冈州的里德学院就读并在半年后退学；在此后大约一年时间里，他作为没有学籍的学生旁听了西洋书法等课程
1973 年	18 岁	（尼克松总统宣布越南战争结束）
1974 年	19 岁	乔布斯成为雅达利公司的初级工程师，不久后辞职，取道欧洲前往印度旅行 （11 月，美国 MITS 公司推出阿尔泰 8800 计算机）
1975 年	20 岁	春季，乔布斯回到雅达利公司；6 月，沃兹尼亚克独自一人开发出个人计算机（后来的 Apple I） （比尔·盖茨成立微软公司）
1976 年	21 岁	4 月，由乔布斯、沃兹尼亚克、罗纳德·韦恩共同出资的合伙企业苹果计算机公司成立；6 月，首批 Apple I 订单交付给字节商店
1977 年	22 岁	1 月，乔布斯、沃兹尼亚克和迈克·马库拉将苹果计算机公司变成有限公司；4 月，在旧金山举办的首届西海岸计算机展上，苹果计算机公司首次展示 Apple II 并获得好评；Apple II 在第一年的销量达到 2500 台

续表

年份	年龄	大事记
1979 年	24 岁	12 月,乔布斯与苹果计算机公司的技术人员一同参观施乐公司的帕洛阿尔托研究中心(PARC),第一次见到图形用户界面
1980 年	25 岁	12 月,苹果计算机公司挂牌上市,股票市值达到 19.7 亿美元
1981 年	26 岁	(IBM 发布 IBM PC,进入个人计算机市场)
1984 年	29 岁	1 月,苹果计算机公司发布麦金塔
1985 年	30 岁	9 月,乔布斯辞去苹果计算机公司董事长之职,不久其创立新的计算机公司 NeXT
1986 年	31 岁	2 月,乔布斯以 1000 万美元收购卢卡斯影业的计算机动画部门,并将之改组为动画制作公司皮克斯
1991 年	36 岁	[万维网发明;第一个手机 GSM 网络在芬兰投入使用;苹果计算机公司推出 PowerBook(苹果笔记本计算机当中最悠久的计算机之一,1991 年问世),奠定后来笔记本电子计算机的模样]

续表

年份	年龄	大事记
1995年	40岁	（8月，微软公司推出 Windows 95，全世界的 IBM PC 兼容机开始进入图形用户界面时代） 11月，皮克斯制作的《玩具总动员》在美国上映
1996年	41岁	苹果计算机公司收购 NeXT 公司，乔布斯成为苹果计算机公司的非正式顾问
1997年	42岁	乔布斯出任苹果计算机公司的临时 CEO
1998年	43岁	5月，苹果计算机公司发布 iMac，它作为一款以网络环境下的使用为前提的个人计算机而备受瞩目 （谷歌公司成立）
2000年	45岁	乔布斯正式就任苹果计算机公司 CEO （NASDAQ 指数下跌，互联网泡沫开始破裂）
2001年	46岁	10月，iPod 上市，苹果计算机公司开始涉足数字音乐行业
2003年	48岁	乔布斯被诊断出罹患癌症

续表

年份	年龄	大事记
2005年	50岁	6月，乔布斯在斯坦福大学的毕业典礼上发表演讲 （IBM将个人计算机业务出售给联想公司）
2007年	52岁	1月，苹果计算机公司改名为苹果公司；6月，苹果公司推出iPhone，此后智能手机开始普及
2008年	53岁	（美国投资银行雷曼兄弟公司破产，掀开全球股市大崩盘的序幕）
2010年	55岁	苹果公司推出iPad，成为平板计算机流行趋势的起点
2011年	56岁	8月，乔布斯辞去苹果公司CEO的职务；10月5日，史蒂夫·乔布斯病逝
2012年		苹果公司的股票市值达到创纪录的6231亿美元

参考文献

本书在写作时参考了以下书籍和资料，感兴趣的读者可进一步了解阅读，相信一定会有新的收获。另外，部分书籍可前往图书馆等处查阅。

《史蒂夫·乔布斯》，沃尔特·艾萨克森著，井口耕二译，讲谈社，2011年（简体版：《史蒂夫·乔布斯传（修订版）》，管延圻等译，中信出版社，2014年）

由《时代》周刊原主编沃尔特·艾萨克森撰写的传记。乔布斯亲自委托作者撰写该书，并在执笔过程中给予了全面协助。艾萨克森在经过 18 个月的采访和准备后撰写完成。乔布斯和他的妻子劳伦在出版前并没有事先读过这本传记，也没有对这本书的内容提出过任何要求。

《史蒂夫·乔布斯：偶像复活》，杰弗里·扬、威廉·西蒙著，井口耕二译，东洋经济新报社，2005 年（简体版：《活着就为改变世界》，蒋永军译，中信出版社，2016 年）

由两名作者合著的乔布斯传记，该传记没有征得乔布斯的同意。该书主要从乔布斯身边人的视角对他进行叙述和评价。由于该书采访了较多对乔布斯持否定意见的人，所以书中对乔布斯的所作所为有不少负面诠释，因而读起来更显曲折。

《缔造苹果公司的怪杰：另一位创始人沃兹尼亚克自传》，史蒂夫·沃兹尼亚克著，井

口耕二译，钻石社，2008年（简体版：《沃兹传：与苹果一起疯狂》，阮天悦、贺丽琴译，中信出版社，2013年）

由沃兹本人口述，记者吉娜·史密斯编撰成书的自传。由于直接出自沃兹口述，所以读起来就好像是在倾听沃兹讲述各种小故事。而他作为一名电子学方面的天才，在解释计算机技术时也非常详尽、具体，使我们很容易理解计算机发展成为如今所见的个人计算机的过程。书中同时还介绍了沃兹操刀的各种恶作剧。

《史蒂夫·乔布斯特别节目：乔布斯与11个人的证词》，NHK特别节目制作组著，讲谈社，2012年

由日本放送协会（NHK）的特别节目制作组对乔布斯及其身边人进行的采访并编辑而成的访谈录。采访的对象包括史蒂夫·沃兹尼亚克、丹尼尔·科特基、比尔·费尔南德斯、约翰·斯卡利等。在这本书中可以看到这些对乔布斯有着相当了解的人的直接陈述,因而相当耐人寻味。但也许是因为考虑到要上电视,受访者所说的话显得中规中矩。

《史蒂夫·乔布斯的禅》,勒布·梅尔比撰文,JESS3 绘图,柳田由纪子译,集英社国际,2012 年(简体版:《乔布斯:苹果禅》,孙芳译,海南出版社,2012 年)

以乔布斯与日本禅僧乙川弘文的交往为蓝本的美国漫画。虽然这本书并不是完全的写实作品,但它也是基于对乙川弘文的弟子以及与乔布斯一同进行过禅修的人所进行的采访。通过这本书,我们可以感受到美国人是如何理解和接受日本禅宗的。

《解读图灵：攀登计算机科学的金字塔》，查尔斯·佩佐尔特著，井田哲夫等译，日经BP社，2012年（简体版：《图灵的秘密》，杨卫东译，人民邮电出版社，2012年）

艾伦·图灵是奠定了现代数字计算机理论基础的数学家。该书包括图灵在23岁时撰写的论文《论可计算数及其在判定性问题上的应用》的原始论文以及对该论文所作的详尽注释，并对图灵所思考的"思考与意识的本质究竟是什么"这样一个问题进行了深入探讨。这本书适合于希望深入理解计算机究竟为何物的读者。但请注意，这是一本阅读难度极高的书。

《大人的问题》，五味太郎著，讲谈社文库，2001年

这本书与计算机以及乔布斯没有任何关系。它适合于那些在读过乔布斯的故事后，觉得完

全无法产生共鸣，甚至对乔布斯的恶作剧和我行我素感到愤慨的人阅读。它也许能让这样的人发现原来学校还可以从如此完全不同的视角来看待。当然，它也有可能只是让他们感到更加气愤……

其他参考文献

《史蒂夫·乔布斯曾经挚爱的禅师：乙川弘文评传》(1—6)

Kotoba 2012 年春季号至 2013 年夏季号，集英社

《史蒂夫·乔布斯：遗失的访谈》(DVD)

罗伯特·克里杰利采访，株式会社 Happinet 发行，2014 年

《史蒂夫·乔布斯：最后的发言》(DVD)

苏珊·克鲁克执导，合同会社是空有限责任公司发行，2012 年

思考题

思考题 1

当史蒂夫·乔布斯因为在小学搞恶作剧而被老师送回家的时候,他的养父母保罗和克拉拉并没有训斥他。这是为什么呢?

思考题 2

史蒂夫·乔布斯在上中学的时候,曾从大公司那里骗到过一些电子元件,但他似乎并不觉得自己做错了什么。这是出于怎样的时代背景呢?

思考题 3

史蒂夫·乔布斯为什么不相信市场调查?